1re Année. N° 2.   15 Avril 1924.

LA REVUE
DE
L'UNIVERSITÉ

Paraît le 15 du mois

Directeur Politique :
Pierre L'ESPAGNOL DE LA TRAMERYE

Directeur Littéraire :
Maurice LEVET

Sommaire

PRIX DU NUMÉRO

France . . **3 fr. 50** | Etranger . . **4 fr.**

16, RUE DU REGARD, 16
PARIS (VIe)

LA REVUE DE L'UNIVERSITÉ

ABONNEMENT

Les abonnements partent du premier du mois

FRANCE		ÉTRANGER	
Un an....................	36 fr.	Un an....................	48 fr.
Six mois................	20 »	Six mois................	25 »

La Revue de l'Université qui vient de paraître, est, avec ses **Cent pages** mensuelles, la seule Revue Universitaire Française digne de son nom.

Elle a réuni, parmi ses collaborateurs réguliers, l'élite universitaire française et mondiale.

La Revue de l'Université est désormais le seul trait d'union sérieux, indispensable à tous les Intellectuels, de tous les Pays. Elle reflète la Vie Universitaire de tous les Centres Universitaires du monde.

La Revue de l'Université publie régulièrement, **sans abonnements spéciaux,** les principaux cours **d'Agrégation** et de **Droit** de la Sorbonne.

Ses **CENT PAGES** mensuelles lui permettent, en outre, de suivre de très près, le mouvement intellectuel en France et à l'Etranger.

La Revue de l'Université a son imprimerie personnelle. Elle édite aux prix les plus minimes, les **Thèses,** les **Brochures** et les **Livres.**

Par son Agence sérieuse d'**INFORMATIONS** et de **RENSEIGNEMENTS UNIVERSITAIRES,** elle est à même de rendre les plus grands services aux Associations ; à MM. les Professeurs et Etudiants de France et de l'Etranger.

Le Nᵒ spécimen : 4 fr.

15 Avril-15 Mai 1924

Tome I

LA REVUE
DE
L'UNIVERSITÉ

ORGANE DE LA VIE UNIVERSITAIRE INTERNATIONALE

Paraît le 15 de chaque mois

Directeur Politique :
Pierre L'Espagnol de la Tramerye

Directeur Littéraire :
Maurice Levet

Tout ce qui concerne la direction, la rédaction, l'administration, les échanges et services de presse, la firme, doit être envoyé 16, rue du Regard, Paris (VIᵉ). Il ne sera répondu qu'aux lettres contenant un timbre pour la réponse. Les manuscrits ne sont pas rendus.

La « Revue de l'Université » étant essentiellement indépendante au point de vue littéraire, politique et social, les opinions émises dans les articles qu'elle publie doivent être considérées comme propres à leurs auteurs et n'engageant que la responsabilité de ceux-ci.

La « Revue de l'Université » possède un service d'éditions. Elle accorde gracieusement sa firme aux auteurs, après avis favorable du Comité de Rédaction, pour tous ouvrages littéraires, artistiques et d'actualité.

RÉDACTION ET ADMINISTRATION :

16, RUE DU REGARD, PARIS (VIᵉ)

Le numéro : France, 3 fr. 50 ; Etranger, 4 fr.

L'HONNEUR DU SILENCE

ou

LA LITTÉRATURE APPRIVOISÉE

Dans la *Renaissance* M. Maximilien Gauthier a manifesté son scepticisme littéraire en recueillant les réponses d'un certain nombre d'éditeurs et d'auteurs, plus ou moins aimés du public, à une enquête sur « *La Publicité en matière de Librairie* ».

On pourrait supposer à M. Maximilien Gauthier une certaine dose de naïveté, si l'on ne pensait qu'il a voulu, par son enquête, éclairer et mettre en garde le grand public, sur les méthodes dites « modernes » que prend notre littérature — ou ses marchands !

Je pense que Pierre Mille, a un éditeur, bien que je ne connaisse de lui que ses contes savoureux et quelques critiques aussi justes que pleines d'esprit. Mais qu'aura pensé cet éditeur, qui est peut-être l'un de ceux qui a le plus abondamment répondu à M. Maximilien Gauthier lorsqu'il aura lu, la réponse de son client ?

« Les commerçants éditeurs, dit Pierre Mille, font en ce mo-
« ment de la publicité pour les livres, par tous les moyens, parce
« que les livres se vendent. Il y a des périodes comme ça. Il arri-
« vera ensuite, inévitablement, une période de mévente. Alors les
« éditeurs commerçants ne feront plus aucune publicité, même
« pour les bons ouvrages.

« Et l'on reverra à cette funèbre époque — mais salutaire ! —
« les auteurs aux pieds des critiques ! »

On ne peut nier que le commerce de la librairie, est devenu aujourd'hui une situation de tout repos, et qu'il n'a jamais connu la prospérité qui l'accable. Il faudrait se féliciter et s'honorer, si nous devions cette abondance, à la valeur même de la « marchandise » que l'on jette sur le marché littéraire.

Pierre Mille, lui-même, ne me semble pas partager une opinion pareille, et sa réponse me permet de supposer le contraire.

La plupart des éditeurs — gros malins — se retranchent derrière le public et essaient de justifier leur publicité à outrance par le nombre de leurs éditions. C'est comme si l'on ne savait pas que le public s'appelle « gogo », jusqu'au jour où « on ne la lui fait plus » ! Et ceci est grave ! Grave ! pour les écrivains qui ont du talent, grave aussi, pour notre littérature.

Lorsque le public, le grand public, se sera aperçu que le « battage » fait autour de la librairie n'est la plupart du temps, qu'un boniment forain eh bien ! ce public là, sera aussi long à revenir à la littérature, qu'il aura été long à se détacher de la littérature épicière.

Je sais bien que ceux qui auront bénéficié du mercantilisme littéraire planteront leurs choux et se retireront des « affaires » dès que la crise sera venue. Mais je crois qu'une époque et quelques générations sont responsables envers celles qui suivent, lorsqu'il s'agit surtout d'un patrimoine national.

L'on ne peut aujourd'hui empêcher les marchands du Temple — parce qu'ils payent patente, — d'exercer leur commerce ! L'on ne peut arrêter les élucubrations d'un jeune homme riche — ou d'un munitionnaire — en mal « de plume », mais Dieu merci ! il serait encore possible, si l'on s'y prend à temps, de diriger honnêtement le public, vers des œuvres qui méritent l'attention de ce public.

Il y a là une tâche qui incombe à la « critique ». Mais les méthodes modernes n'ont-elles pas justement tué la « critique » ? C'est, il me semble, le point qui me paraît le plus intéressant, lorsque je parcours les réponses qui sont venues à M. Maximilien Gauthier, et que je les mets en présence des « communiqués » aux journaux.

Abusant de la « littérature académique » certains éditeurs, ont acquis une adresse toute particulière, pour présenter leur dernier « paru ». Et, si le bout de l'oreille n'apparaissait pas dans la dernière phrase, combien s'y tromperaient, croyant lire une appréciation autorisée, qui n'est qu'une réclame, au prix fort de la ligne !

Le plus fort et le plus sérieux, il faut le dire, des arguments que l'éditeur invoque pour justifier la magnificence de sa publicité, est que le public doit être averti du « chef-d'œuvre » qui va « paraître ». Allons donc ! et de qui se moque-t-on ? Passe encore pour un « jeune », mais comment s'expliquer « honnêtement » la tapageuse réclame que l'on fait, soit autour d'un « couronné », soit autour de l'écrivain français « le plus lu à l'étranger » ?

Qui pourra soutenir qu'un Henri Béraud ou un Louis Hémon, ne seront pas diminués, si leur « *Lazare* » ou leur « *Colin Maillard* », n'ont pas la haute valeur littéraire de leurs œuvres précédentes ? Qu'arrivera-t-il après cette publicité tapageuse faite autour de' ces deux derniers romans ?

Ils s'effondreront lamentablement, et quel que soit alors le talent de ces deux écrivains, — l'un disparu, mais dont il y a dit-on des ouvrages « en chantier » —, le public, dupé, se retournera vers quelques autres livres, qui ne vaudront ni le Béraud, ni le Hémon nouveaux !

Passe pour « Lazare » qui est d'un Béraud, en pleine activité, d'un Béraud supérieur au « Vitriol de Lune », mais même si « *Colin Maillard* » atteint le « tirage » mérité de « *Maria Chapdeleine* », on ne me fera pas dire que c'est un nouveau « chef-d'œuvre » ! Que Louis Hémon ait laissé encore, une œuvre de talent, et nous verrons, non pas malheureusement ce jeune écrivain, mais son éditeur « aux pieds des critiques », comme écrit Pierre Mille, à « la Renaissance ».

Voilà le gain le plus sûr, de ces méthodes dites « modernes ». Il est vrai que l'éditeur de « *Colin Maillard* », qui doit savoir à quoi s'en tenir, malgré sa « répétition générale », aura la prudence de mesurer la préparation de ses éditions, à la faveur nouvelle du public.

Qu'importe à un éditeur, si un auteur tombe, à son deuxième ou troisième « bouquin ». C'est, il est vrai, le chemin de la croix de l'écrivain ! Combien en connaissons-nous de ces soldats de la plume, de ces capitaines de la librairie qui sont partis, sans revenir... heureusement pour la littérature.

*
* *

Dans sa réponse à M. Maximilien Gauthier, l'éditeur Bernard Grasset, sent si bien le danger de la publicité « boutiquière », qu'il use, pour la nommer, d'un euphémisme délicieux, mais qui la condamne. — « A ce mot, d'ailleurs, de publicité, dit-il, je préférerais celui de « propagande ».

Que la langue française est belle, et pour cette « propagande » M. Bernard Grasset, mérite qu'on l'embrasse.

Propagande ! tous ces « communiqués » écholiers aux journaux ! Propagande ! tous ces titres ou ces commentaires lubriques, sur des « livres » qui ne le sont pas ! Propagande ! cette création de journaux hebdomadaires, dits de littérature, où l'on vend à tant la ligne — chère — la réclame littéraire. Propagande ! ces affiches que l'on colle en ville ! Propagande ! ces « bandes rouges » qui tirent l'œil et entortillent le « roman vécu » dont la vente promet toutes les jouissances spirituelles qui sont réservées plus matériellement et, bien souvent heureusement en quelques phrases, au héros de la « demi-vierge » ! Propagande ! non ! il serait plus décent d'écrire : littérature ! Ce serait aussi plus honnête !

Je suis loin d'attribuer ces procédés à M. Bernard Grasset, ou de l'en rendre responsable, mais son mot de « propagande » en dit si long, qu'il me semble justifier tous les moyens de publicité.

Je pense même aller au devant de sa définition toute particulière évidemment de la « propagande littéraire » en reproduisant encore quelques lignes de sa réponse à M. Maximilien Gauthier ! — « Certes, je puis me tromper, écrit M. Bernard Grasset, que l'on m'accorde du moins le mérite de la bonne foi. »

Personne ne peut douter de la bonne foi et des bonnes intentions de M. Grasset, mais l'enfer aussi est, dit-on, plein de bonnes intentions, sans la foi, il est vrai ! Que M. Bernard Grasset — et ses collègues — laissent-ils aux critiques — dont c'est le métier — le soin de lancer les « poulains » de leur « écurie », comme dit M. Albin Michel ?

Que M. Bernard Grasset, le veuille ou non, la publicité commerciale se substitue à la « critique littéraire ». Il est vrai, que M. Bernard Grasset, pourrait répondre que c'est tant pis pour le public, s'il se laisse prendre à cette publicité. Hélas ! Public, fais la fortune d'un éditeur, laisse crever de faim, sur un lit d'hôpital, un Maurice Du Plessis, mais digère deux ou trois cents éditions *d'à l'ombre des épées*, on te sacre « gogo ». Pendant ce temps-là, faute d'un rôle « *d'indication, d'invitation, d'incitation* », *Bâal ou la Magicienne* ; ou le *Trio en sol majeur restent dans l'ombre !*

Qu'est-ce alors, sinon un *jugement*, que de déclarer tambour battant, que tel ouvrage est un « chef-d'œuvre » ? Il me paraît même que c'est un jugement des plus définitif. Tandis que l'*invitation*, l'*indication* et l'*incitation*, sont affaire de « critique », avec le jugement en plus, et non point celle du marchand libraire.

M. Albin Michel, dont « l'écurie » — selon sa propre expression — pourrait aisément se passer du « doppage littéraire », vient de lancer « Lazare », d'Henri Béraud. J'ai dit, qu'heureusement, cette nouvelle œuvre du plus polémiste des Lyonnais et du plus ardent des écrivains, pouvait justifier — bien qu'elle n'en ait pas besoin — la réclame que son éditeur a cru devoir lui faire.

Et pourtant M. Albin Michel répond à la « Renaissance » : — « J'ai toujours donné à mes annonces des formes qui ne puissent prêter à confusion. Il me paraît désirable que la même discrétion soit observée partout ». — Il doit être difficile de conserver les formes honnêtes de M. Albin Michel en « *indiquant, incitant* et *invitant* » le public, à se précipiter sur le « dernier chef d'œuvre » qui sort de chez soi.

Tous les éditeurs — du moins ceux qui font cette publicité tapageuse, et que la « Renaissance » ne pouvait moins faire que de consulter à propos de son enquête — sont d'accord pour reconnaître les droits, les prérogatives, le prestige, etc., de la critique : Il faut être aussi malicieux qu'un libraire, pour reconnaître tout cet excès d'honneur, à quelque chose qui n'existe pas !

Les « critiques » sont encore de ce monde, mais la « critique » a vécu. Oh ! elle reviendra comme l'écrit Pierre Mille. Les excès d'honneur et d'indignité de la Publicité commerciale feront renaître, dans pas bien longtemps — cela ne peut pas durer — les plumes libres, et les nouveaux chats à neuf queues rayeront de noir ou de violet, les dos des Pharisiens. Qui pâtira de cet état de choses ? Non pas les éditeurs, il n'en restera peut-être plus, pour recevoir les étrillères. Nous les retrouverons peut être, fleurtant avec les bouquinistes du quai, cherchant l'édition rare, celle qu'ils ne lancèrent pas.

Les écrivains seuls, les écrivains à venir, qui auront du talent et du génie, attendront que le public se soit ramassé sur lui-même, pour faire un nouveau sort heureux aux œuvres qui en auront le mérite. Ce sera la réaction littéraire et populaire. La critique, débarrassée du mercanti, reconquièra la confiance du public et c'est lui, en connaisseur qui « *indiquera, invitera* et *incitera* » la clientèle littéraire.

Mais combien de temps durera l'éclipse, que rend obligatoire le pharisianisme d'aujourd'hui. Il n'est pas difficile de le prévoir. Il peut se passer encore deux ans, avant que la « masse » comme dit M. Albin Michel, se rende compte que si le mercantilisme littéraire, lui apporte quelque bon livre, elle lui donne surtout beaucoup de « plaqué ». Et il faudra dix ans au moins, avant que la critique honnête ait refait l'éducation littéraire de cette « masse ».

Dix ans, pendant lesquels, il y aura encore des jours heureux, pour l'éditeur, qui aura su préparer un fond « *d'étrangers* », car le public français, en sera là, que son besoin de lire se déchaînera avec le même engouement qu'aujourd'hui sur les traductions étrangères, au détriment des écrivains français dont il aura méfiance.

L'éditeur « tapageur » pourrait s'honorer d'éviter, précisément, qu'un véritable écrivain, ne reste dans une obscurité injustifiée, si son choix personnel était toujours heureux. Mais aussi bon juge qu'il soit, peut-il se substituer à l'opinion générale de la critique ? Il semble d'ailleurs qu'il y ait incompatibilité entre le libraire éditeur et l'éditeur critique. Tout éditeur qui serait à la fois, prudent commerçant et honnête homme — au sens moral du mot et non pas, bien entendu au point de vue probité, car c'est le droit de tout marchand de vendre le mieux qu'il peut sa marchandise — ne risquerait pas — comme l'a avoué dernièrement un éditeur parisien — la fortune de sa maison de commerce, dont il avait seul à apprécier la valeur littéraire.

D'ailleurs, Paris, compte environ une trentaine de grandes maisons d'édition, et il faut reconnaître que la grande majorité s'écarte de tout ce bluff, qui tend à surprendre le public. Et pourtant, ces maisons éditent de fort bons livres, des « jeunes » et des « vieux » qui atteignent le grand public, autant que les lancements sensationnels.

C'est donc que cette réclame n'est pas indispensable, tandis qu'elle est certainement néfaste au public, aux écrivains et aux éditeurs eux-mêmes.

*
* *

L'éditeur seul n'est pas responsable de l'avilissement immérité vers lequel se précipite notre littérature.

Les écrivains eux-mêmes, portent et porteront le poids de l'erreur des « méthodes modernes ».

Avec une naïveté quasi touchante, M. Grasset, écrit encore : « Je n'ai reçu de la part des auteurs, qui m'ont confié leur manuscrit, aucune plainte ».

Personne n'en doutera ! mais pour l'honneur de la littérature française, il est permis de supposer que les écrivains de talent, qui se mettent entre les mains de M. Grasset, n'approuvent pas tous les nouvelles formes de la publicité littéraire. Il me semble que si j'étais M. X... ou M. Y..., j'aurais quelque gêne à recevoir du « chef-d'œuvre » à bout portant, de la part de mon propre éditeur.

Certes, passer à la caisse, par les temps qui courent, doit être particulièrement attrayant. Mais à y passer trop souvent, on risque fort de faire du commerce littéraire et de se démonétiser soi-même.

C'est ce qui arrive !

Il faudrait, je l'avoue, une assez forte dose de civisme littéraire, pour fuir une maison qui vous monte en « épingle », tout en vous donnant les moyens de vous en offrir une en métal précieux. Et vous passeriez encore pour un ingrat, en désertant le pavillon qui vous a abrité, lors de vos débuts.

On laisse faire ! oui ! mais ce laisser aller, peut avoir pour l'écrivain d'aujourd'hui, de graves conséquences. Le meilleur auteur, peut n'être pas toujours égal à lui-même. L'exaltation commerciale de son œuvre inférieure à lui-même peut causer son effondrement définitif, et le public est difficile, à reconquérir. La publicité tapageuse peut lancer une première œuvre médiocre, il lui est impossible de repêcher l'écrivain, dont l'œuvre aura désillusionné le public. Et il est probable que l'éditeur — commerçant avant tout — dont le « formidable tirage » restera en « bouillon » dans le magasin, prendra toutes les formes de la civilité puérile et honnête, pour s'éviter un nouveau « four ».

Cet éditeur qui agitera devant l'écrivain anéanti, le spectre de la faillite et sa nombreuse famille, aura encore mille ficelles et un truc, pour lancer un nouveau « poulain » suivant ses « formules ».

L'écrivain, restera sur le carreau !

La littérature d'aujourd'hui a-t-elle réfléchi à cette « publicité en matière de librairie », comme intitule son enquête M. Maximilien Gauthier ?

Parmi les formules nouvelles de la publicité littéraire, il en est une qui est pour le moins honteuse. C'est la politique littéraire de la « rhubarbe et du séné ». Elle s'étale effrontément au grand jour et il est profondément désolant de voir de véritables écrivains se faire les « chalands » d'officines à tant la ligne.

Vous aurez du talent, si vous acceptez de payer vingt francs la ligne d'un article, qui en aura, pour le moins, cinquante. On vous jauge, à la valeur du contrat, que vous passez avec la caisse ! Çà, c'est de la pure saleté, et quoi qu'on puisse dire de mon expression, je la maintiens.

A ce mercantilisme, qui est le plus bas de tout celui qui se trouve sur notre marché de la littérature d'aujourd'hui, je préfère encore *l'honneur du silence !*

Maurice Levet.

LES RAISONS D'ÊTRE
DU GROUPEMENT UNIVERSITAIRE
POUR LA SOCIÉTÉ DES NATIONS

La Création du Groupement Universitaire

Le Groupement Universitaire pour la Société des Nations est né, il y a un an à peine. Sa création à la fin de cette année 1922 qui s'achevait sur les désillusions de la France et la mésentente des Alliés fut un acte de foi dans l'idéalisme français.

Les jeunes universitaires qui s'associèrent pour l'accomplir n'étaient guère plus d'une dizaine. Ils étaient de toutes origines. Les plus âgés d'entre eux avait fait la guerre ; les autres, lorsque vint l'armistice, étaient sur le point de s'y lancer. A tous, dès 1919, la Société des Nations avait apparu le plus beau résultat de la victoire. Tous, depuis 1919, la voyaient avec tristesse méconnue des peuples et des Etats. Les foules, si souvent déçues, traitaient comme un rêve utopique le seul essai d'organisation pacifique tenté depuis le Moyen Age par l'humanité ! C'est pour faire cesser cette indifférence gênante, plus dangereuse pour la Société des Nations que les attaques de ses pires ennemis, que fut décidée la fondation du Groupement Universitaire Français.

La Société des Nations, c'est en effet un idéal admirable et c'est encore quelque chose de plus. Là où les autres institutions avaient échoué, la Société des Nations a su aboutir. En Haute-Silésie, elle a évité un litige redoutable entre la France et l'Angleterre. En remettant l'Autriche sur pied, elle a su dissiper la menace d'un rattachement de l'Autriche à l'Allemagne, qui parut longtemps inévitable.

Voilà rappelés ici deux succès saisissants de la Société des Nations. Dans tous les domaines de son activité, elle en a rencontré un très grand nombre ; s'il n'y en a pas une quantité plus considérable, c'est que les peuples ne se sont pas encore habitués à s'y adresser avec assez de régularité et de confiance.

Les étudiants, par leur formation intellectuelle, par le caractère spéculatif de leurs occupations, par leur activité de tous les instants, par la fonction qu'ils sont appelés à remplir dans le pays, semblent plus que tous autres aptes à s'intéresser au développement de la Société des Nations et capables de créer une atmosphère de confiance en ses travaux.

C'est donc aux étudiants et à leurs maîtres, à ceux qui reçoivent l'enseignement et à ceux qui ont mission de le donner que le Groupement Universitaire fait surtout appel.

Faire comprendre les préoccupations des autres peuples, réaliser une éducation internationale à un moment où la xénophobie est la seule chose vraiment internationale, ce n'est peut-être point une tâche entièrement facile.

Les jeunes Universitaires devront trouver pour l'accomplir l'énergie qui sera nécessaire et qu'ils n'ont pas encore eu l'occasion de dépenser.

M. Cassin, président de l'Union Fédérale des anciens combattants, un des plus nobles représentants de ceux « qui ayant tout donné sont prêts à donner encore » a adressé au Groupement Universitaire pour la Société des Nations cet appel émouvant :
« Aidez-nous. Nous nous sommes battus pour qu'un peu plus de
« justice se réalise dans les relations internationales ; il faut que
« l'avenir diffère vraiment du passé. Si vous ne nous aidez pas,
« tout ce pourquoi nous nous sommes battus va défaillir et nous
« manquer.
« La Société des Nations, mais c'est le sens même de nos sa-
« crifices. »

QU'A DONC VOULU RÉALISER ET QU'A FAIT LE GROUPEMENT

UNIVERSITAIRE ?

Les premiers mois d'activité du Groupement Universitaire pour la Société des Nations.

Le premier souci du Groupement Universitaire pour la Société des Nations a donc été de secouer la torpeur générale, d'intéresser l'opinion publique, principalement l'opinion universitaire, à ses travaux.

Il a organisé d'abord à Paris une série de conférences particulièrement brillantes : conférence de Lord Robert Cecil, conférence de M. Hymans, conférence de M. Albert Thomas.

M. Hymans, dans un admirable exposé de l'œuvre de la Société des Nations, a fait confiance aux étudiants Français qui « sauront combiner le sens de l'idéal avec le sens des possibilités, associer dans leur cœur, à l'idée de patrie l'idée européenne et l'idée d'humanité ».

Puis, il est parvenu à réunir une série d'études sur la Société des Nations dues aux hommes d'Etat du monde les plus éminents : à M. Benès, à M. Zimmermann, à M. Henry de Jouvenel.

Ces études, la *Revue de Paris* en a déjà publié le plus grand nombre ; d'autres revues, la *Grande Revue* et la *Vie des Peuples* ont assuré jusqu'ici la publication régulière des conférences du Groupement Universitaire.

La série des conférences du Groupement Universitaire pour la Société des Nations est bien entendu très loin d'être achevée. Outre les personnalités mentionnées plus haut, le Groupement Universitaire compte déjà au nombre de ses conférenciers : MM. Appell, André Weiss, Arthur Fontaine, Paul Reynaud, Robert de Jouvenel, De Lapradelle, Georges Scelle, Fauconnet, Louis Rolland, Pierre Cot, Pierre Vasseur.

Et d'ici quelques semaines, il recevra à Paris M. Titulesco, un des plus brillants orateurs de la Société des Nations, un des hommes d'Etat internationaux les plus remarquables.

Grâce à ses grands efforts de propagande, grâce au concours que la presse lui a apporté avec une si grande bienveillance, le Groupement Universitaire est désormais très connu.

L'appel du Groupement Universitaire a été entendu. Ses cadres sont maintenant bien formés ; quelle va être son action universitaire ?

L'Organisation de l'Action

Le ministre de l'Instruction Publique a fait faire le 11 novembre, dans tous les lycées, tous les collèges et toutes les écoles de France, une leçon sur la Société des Nations.

Au cours de cette leçon, un hommage a été rendu aux efforts du Groupement Universitaire.

Depuis cette date, grâce à des adhésions collectives nombreuses, grâce à des adhésions individuelles venues de tous les points de la France, le Groupement Universitaire pour la Société des

Nations a désormais des correspondants dans plus de soixante villes, des centres d'action dans presque toutes les agglomérations universitaires françaises. Ces centres d'action forment des noyaux d'amis de la Société des Nations, organisent des conférences, constituent de précieux centres d'information.

Des conférences seront, ces prochains temps, réalisées sous nos auspices à Strasbourg, à Rennes, à Lyon, à Limoges, à Poitiers, etc., etc.

A Villeneuve-sur-Lot, à Sille-Guillaume, à Rosselange (nous citons ces trois noms pour montrer jusqu'où a pénétré l'action du Groupement Universitaire), il existe ainsi qu'en cinquante autres villes de France, des foyers d'amis du Groupement Universitaire pour la Société des Nations.

Mais un mouvement national en faveur de la Société des Nations, cela serait un programme utopique.

Le Groupement Universitaire pour la Société des Nations se rend à Prague d'ici quelques jours, où il va retrouver des étudiants anglais, des étudiants tchèques, des étudiants des Etats-Unis, des étudiants allemands, des étudiants danois, des étudiants de l'Amérique du Sud, et des représentants d'Universités d'encore dix ou douze autres pays, avec lesquels il va constituer une Fédération Universitaire Internationale pour la Société des Nations.

Cette Fédération Universitaire Internationale envisagera le moyen d'amener les Universitaires de tous les pays à s'intéresser à la Société des Nations. Elle établira le programme de conférences sur la Société des Nations qui doivent se réaliser à Genève en septembre prochain, au moment de l'Assemblée de la Société des Nations, et seront faites par des hommes tels que MM. Benes, Seipel, Ramsay Mac Donald, Henry de Jouvenel, sous l'égide de la Fédération Universitaire Internationale.

M. Zimmern, professeur de l'Ecole des Sciences politiques de l'Université de Londres a promis de faire aussi pour les membres de la Fédération Universitaire Internationale, un rapport quotidien des travaux de la Société des Nations, pendant le temps des réunions de l'Assemblée et du Conseil.

Voici très sommairement esquissé les principaux objets que s'est assigné le Groupement Universitaire pour la Société des Nations qui a pour but, ainsi qu'il est dit à l'article 3 de ses statuts « de défendre et de vulgariser l'idée de la Société des Nations, d'étudier tous les problèmes et questions accessoires se rattachant à cette institution, de développer ainsi une atmosphère de conscience et de paix internationale également profitable au monde et à la France ».

Puisse notre recteur M. Appell avoir dit à juste titre : « Le Groupement Universitaire me paraît un grand présage pour l'avenir et je salue le jour de sa création comme un jour nouveau dans l'histoire de l'humanité »..

Robert LANGE.

N. B. — Le siège social du Groupement Universitaire pour la Société des Nations est à Paris, 195, rue Saint-Jacques.

L'ÉDUCATION DES « ARRIÉRÉS »

Du 24 au 26 avril courant, se tiendra à Paris, le Congrès International des Educateurs d'arriérés.

S'il est un apostolat à qui la nation doit être particulièrement reconnaissante, c'est bien celui qui s'est voué à la rénovation intelligente des « enfants inférieurs ».

En plus du labeur incessant que demande l'éducation des Arriérés, il est un obstacle presque insurmontable qui rend cette régénération, presque impossible. Le recrutement des « arriérés » est en effet un des plus difficiles, parce qu'il est des plus délicats.

Un enfant « arriéré » passe généralement — et bien à tort — comme une tare dans la famille. Et les pères et mères, alors qu'ils devraient aller eux-mêmes au devant de la guérison intellectuelle de leur enfant, le soustraient la plupart du temps, aux recherches des Inspecteurs scolaires.

Il me semble qu'il y aurait d'abord, pour les Congressistes de demain, à élaborer un programme sérieux, qui commencerait par faire l'éducation des parents.

Les lois de l'hérédité humaine et celles de la nature elle-même, sont tellement capricieuses et déconcertantes, qu'il n'est pas du tout certain aujourd'hui, que les parents soient immédiatement responsables de la dégénérescence de leur progéniture. Comment expliquer, alors, qu'un seul enfant, lorsque la famille en compte plusieurs, soit frappé d'infériorité mentale ?

C'est donc le recrutement qu'il faut d'abord améliorer, pour arriver à cette rééducation de l'enfance, qui en a besoin.

En 1898, à la suite d'un rapport adressé à M. Carriot, inspecteur d'Académie, directeur de l'Enseignement Primaire de la Seine, par M. Baguer, directeur-fondateur de l'Institut des Sourds-Muets d'Asnières, relativement à la création de classes et d'internats de perfectionnement pour arriérés et instables, on pensa que l'éducation des arriérés perfectibles, déjà organisée à l'étranger, pouvait aussi l'être en France.

En 1904, une Commission ministérielle, présidée par M. Léon Bourgeois, fut instituée pour étudier la question. Ses travaux aboutirent au vote de la loi du 15 avril 1909, qui *permet* aux départements et aux communes de créer des classes et des internats de perfectionnement. Un premier Congrès devait se tenir à Lyon, en août 1914 ; son but était d'unifier les méthodes d'enseignement employées pour instruire les anormaux et d'envisager plus largement l'application de la loi du 15 avril 1909. La guerre survint et empêcha ce projet d'aboutir, puis elle stérilisa une partie des organisations existantes et empêcha la création des établissements projetés.

Depuis 1918 (fin des hostilités) jusqu'à ce jour, des résultats intéressants ont été obtenus. C'est pourquoi, les maîtres d'arriérés, dispersés sur toute l'étendue du territoire, prouvent le désir de s'éclairer réciproquement et de bénéficier des observations faites par leurs collègues. Déjà, l'an dernier, à Pâques ils se sont réunis à Lyon ; les adhérents au nombre de soixante-neuf, tous instituteurs publics formaient à deux unités près, la totalité des instituteurs français d'arriérés (un tiers d'entre eux étaient présents). Autour des débats, l'entente fut toujours si parfaite que les congressistes décidèrent de tenir l'an suivant, à Pâques 1924, un Congrès international auquel seraient invitées toutes les personnalités susceptibles de s'intéresser à la mise en valeur des arriérés perfectibles.

En France : 22 organisations pour arriérés existent (Internats publics : 5 ; Internat privé : 1 ; Externats autonomes : 2 ; classes annexées à des écoles publiques : 14). A ces nombres il faut ajouter 10 écoles autonomes ouvertes en Alsace-Lorraine par le Gouvernement Allemand avant 1918.

Ces 22 organisations renferment 763 enfants. Or en 1910 la totalité des arriérés perfectibles en France était évaluée à 40.000 ; donc 1/50° seulement des arriérés perfectibles de notre pays reçoit la culture qui lui est nécessaire. Les résultats obtenus justifient cependant les dépenses occasionnées : L'enquête a porté sur 1.315 arriérés sortis des établissements.

Sur ce nombre, 77,03 % gagnent leur vie complètement ; 8,66 % gagnent leur vie en partie ; 14,16 % constituent le déchet social inutilisable. En résumé 85,69 % subviennent à leurs propres besoins, quelques-uns partiellement, les autres totalement, grâce à la culture qu'ils ont reçue pendant leur période de scolarité.

Comme on le voit, de ces renseignements, que je dois au dévoué secrétaire général du Congrès M. E. Debray, les résultats acquis sont fort appréciables. Il importe donc, qu'avec le concours officiel du Gouvernement, cette œuvre éminemment humaine de l'éducation des enfants arriérés, se poursuive avec une méthode bien définie et dans le cadre de l'instruction obligatoire.

Le nombre des enfants « arriérés » est malheureusement assez important et justifie, hélas ! une organisation scolaire spéciale.

La création de classes d'arriérés et l'inspection scolaire s'imposent d'une façon urgente. C'est un des principaux vœux qui devront être émis, au cours du Congrès et aussi suivi et exécuté, par le nouveau Ministre de l'Instruction Publique, trop foncièrement démocratique, pour se désintéresser d'un problème aussi important.

R. U.

M. POINCARÉ ET LE PÉTROLE

L'indépendance politique d'un peuple peut n'être qu'un décor. La France ayant omis de faire sa part dans le partage des pétroles mondiaux, se trouve aujourd'hui dans la dépendance de l'Angleterre et de l'Amérique.

Si demain, nous avions à nous défendre contre une nouvelle agression, nos tanks, nos avions, nos sous-marins, et tout notre ravitaillement ne pourraient fonctionner qu'avec l'aide de nos Alliés ; même avec la première armée du Monde, la France ne pourrait être victorieuse que *si l'Angleterre et les Etats-Unis le permettaient.*

On m'a accusé d'avoir donné une trop grande importance dans mes ouvrages à cette question, et de l'avoir mise au premier plan des grands problèmes politiques. Ce que j'ai voulu, c'est frapper vivement l'opinion, et montrer comment une question primordiale pour la vie d'un Etat avait été jusqu'ici plus que négligée par les Gouvernements au pouvoir ; mieux que cela, les Ministres chargés de diriger la France en cette matière ne la connaissaient même pas, et ce qui est plus grave ne cherchaient pas à s'instruire. Lorsqu'on en parlait il y a un an au Ministre qui eût dû le plus vivement s'en préoccuper, il répondait qu'il n'y avait rien à faire et qu'il valait mieux attendre longtemps avant de rien entreprendre.

Si M. Poincaré n'avait pas décidé il y a trois mois la formation de la Holding Company Française dont j'ai demandé la création dans la 3ᵉ Edition de mon livre « *La Lutte Mondiale pour le Pétrole* »[1], nous serions encore très en arrière des autres puissances

Or, déjà, dans les années précédentes, on a pu citer tel Chef de Cabinet de Commissaire Général ou Sous-Secrétaire d'Etat

---

1. 1 volume in-8° illustré (230 p.), 12 fr., envoi franco 12 fr. 75. « *Revue de l'Université* ».

— ne précisons point, — chargé de diriger la France en cette matière, qui n'avait même pas lu la plus petite brochure sur le Pétrole, pas même celle dont M. Charles Henry parlait dans l'article où il attaquait certaines idées de « *La lutte Mondiale pour le Pétrole* »[1].

Le livre de M. Delaisi dont la lecture ne leur aurait pas pris plus de deux heures, est pourtant très amusant à lire et à la portée de tous les cerveaux, fussent-ils les moins intellectuels.

Une jeune fille de 13 ans, n'ayant aucune notion économique le lirait elle-même avec plaisir, comme un roman.

« Le pays qui dominera par le Pétrole, a dit Elliot Alves, Chef de la « Bristish Controlled-Oilfields » organisation mi-officielle, mi-particulière que le Gouvernement Anglais a spécialement chargée de lutter contre la « Standard-Oil », commandera en même temps le Commerce Mondial.

Armées, Marines, argent, et même des populations entières ne pèseront rien devant le manque de pétrole ».

La guerre ne l'a-t-elle pas prouvé ?

D'ailleurs, le peuple qui sera le maître de ce précieux combustible verra les produits possédés par le reste de l'Univers affluer chez lui.

Les navires des autres nations ne pourront bientôt plus circuler sans recourir à ses dépôts de pétrole. Qu'il crée une flotte marchande puissante, et les voilà en fait maître du commerce océanique !

Or, le peuple qui devient le roulier des mers, prélève sur tous ceux dont il assure les transports, une dîme qui fait abonder chez lui les capitaux.

Des Industries nouvelles se créent autour de ses Ports, et ses Banques deviennent le lieu de règlement des paiements internationaux.

En temps de guerre comme en temps de paix, les nations dépourvues de pétrole se trouvent dans un état d'infériorité considérable. Il n'est de véritable indépendance pour un peuple que celle qui s'affirme économiquement et financièrement. Nous fûmes longtemps seuls à ne pas avoir l'air de le savoir : *La supré-*

---

1. *Revue Pétrolifère*, 8 sept. 1923.

matie militaire n'est qu'un heureux résultat d'efforts destinés à atteindre ce but.

Pendant la guerre, plus encore que pendant la paix, cette indépendance eut été souhaitable à la France ; elle lui eut évité maintenant de grosses dettes à l'égard de ses Alliés ; elle lui eut permis, pendant les hostilités, de tirer d'elle-même ou de ses colonies, les ressources qu'il lui a fallu demander à l'étranger.

Avant la guerre, la France consommait 400.000 tonnes de pétrole par an. Il lui en faut aujourd'hui un million et demi, et les Pétroles d'Alsace que le Traité de Versailles lui a rendus, n'en produisent que 60.000, l'Algérie 3 à 4.000 ; elle est *obligée de payer près de deux milliards par an à l'étranger* pour se procurer le pétrole qui lui manque.

Posséder du pétrole est donc pour une Nation la première condition de son relèvement économique.

La question des Réparations est encore plus vitale pour la France, mais comme je compte le montrer dans un prochain ouvrage [1], elle a aussi été très mal dirigée jusqu'à l'arrivée au pouvoir de M. Poincaré. Elle a été menée d'une façon ridicule au mépris même de nos intérêts. L'exemple des autres Etats, des plus grands aux plus petits, que ce soit l'Angleterre ou la Yougo-Slavie, est à ce sujet vraiment typique.

Il est insensé de voir que l'Angleterre a plus reçu en espèces et en nature de l'Allemagne que la France. J'en arrive parfois à me demander si les régions dévastées se trouvent ici ou en Grande-Bretagne.

Ainsi que le premier Ministre des Affaires Etrangères de Belgique, M. Jaspar le faisait remarquer dans la réponse qu'il adressa à la Grande-Bretagne, au sujet de la note comminatoire de M. Baldwin, nous sommant d'évacuer la Rhur : sur *cinq milliards et demi* de marks or, que d'après les comptes de la Commission des Réparations, l'Allemagne a effectivement versés, l'Angleterre a touché *un milliard deux cent quatre-vingt-dix sept millions* de marks or, alors que la France ne recevait que *un milliard cent soixante-quinze millions.*

On m'a accusé d'être un grand admirateur de la race Anglo-

---

1. « Où va le franc ? Avons-nous une Politique financière ? »

Saxonne ; certes, la race Anglo-Saxonne a un bien plus bel avenir que la race Latine — si tant est qu'il en existe, car il n'y a là qu'une expression d'usage.

Le Génie latin, ne convient plus à notre époque : Il manque d'organisation, d'énergie et n'a pas le sens de l'industrialisme. Ce qu'il faut à la Planète, ce sont des peuples à sang jeune, n'étant pas encore alourdis par un passé trop ancien.

L'histoire montre qu'une race ne joue pas en général, un grand rôle dans le Monde, plus de 2.000 ans ; après, elle passe la main à une autre.

Cette guerre marque le commencement du déclin de l'Europe, deux Etats, seuls, s'en tireront : L'Angleterre, se repliant sur les Dominions, et l'Amérique. « Laissons cuire l'Europe dans son jus et tournons nos regards vers l'horizon splendide de nos Dominions » — ne se gênait pas pour écrire récemment le « *Daily Mail* ».

Mais je ne suis pas un admirateur aveugle des Anglo-Saxons ; ils me trouvent même parfois un peu dur pour eux. L'un des parents de Sir Philip Sassoon, qui tenait si bien entre ses mains Lloyd George, me demanda même un jour pourquoi j'étais si sévère pour le Gouvernement Britannique. D'ailleurs, tant que M. Lloyd George resta au pouvoir, aucun de mes écrits ne parut à Londres, et l'un des premiers Editeurs anglais me déclara même que jamais un livre tel que « *La Lutte Mondiale pour le Pétrole* » ne paraîtrait en Angleterre.

Aussitôt sa chute, ce fût à qui me demanda l'autorisation de le traduire. Et il a paru non seulement en Grande-Bretagne, dans l'Union Sud-Américaine, l'Australie, la Nouvelle-Zélande, mais aussi en Amérique [1].

Je n'admire pas par principe, mais je suis obligé de reconnaître que dans le début du xxᵉ siècle, les Gouvernements Britanniques ont agi d'une manière autrement intelligente, que les Gouvernements Français qui se sont succédés au pouvoir. Si encore le Gouvernement français avait su rattraper le temps perdu ;

---

1. Pierre L'Espagnol de la Tramerye : « The World-Struggle for Oil ». Edition pour l'Empire Britannique : London : George Allen and Unwin, 4o, Museum Street (£ o, 8, 6). — Edition pour l'Amérique : New-York : Alfred Knopf. Collection des « Borzoï Books », Midwinter 1924 ($ 2,5o).

lorsque l'occasion pour lui se présenta en 1922, ce ne fût malheureusement pas le cas.

Nous pouvions alors avoir 20 % des pétroles russes, et de nombreuses concessions au Mexique, et dans tout le Nord de l'Amérique latine [1].

Nous n'avons même pas bougé

Deux Ministres firent une faute que M. Poincaré travaille en ce moment ardemment à réparer ; car tout comme de simples mortels, des Ministres peuvent pêcher par action ou par omission. L'un empêcha volontairement la France d'acquérir l'Indépendance en Pétrole, l'autre laissa faire par indifférence ou par mollesse ; toujours est-il que le Directeur Général des Pétroles n'a jamais reçu de réponse, pas même sur la question de savoir si nous devions nous soumettre à l'un ou à l'autre Trust — ou créer, d'accord avec un de nos Alliés une Holding-Company, chargée d'exploiter les gisements qui nous ont été offerts.

Ainsi, quand de hauts fonctionnaires accomplissent leur devoir en essayant de nous sortir de l'ornière où nous nous enlisons depuis 10 ans, leurs initiatives sont étouffées ; et à ce sujet, on m'a déjà reproché oralement, et dans la Presse, depuis qu'a paru la 3ᵉ édition française de « La Lutte Mondiale pour le Pétrole », d'avoir été beaucoup trop élogieux pour M. l'Intendant Pineau ; si je lui ai fait des éloges, c'est qu'il les méritait. Au moins, lui a tenté quelque chose ! S'il n'a pas réussi alors, la cause doit être cherchée plus loin.

Il y a des faits que le grand public ignore, car il ne voit que les résultats apparents ; et *c'est sur ces faits, que dans mon nouvel ouvrage, j'ai voulu jeter quelque clarté.*

Non, le Gouvernement français n'a réellement pas eu jusqu'à cette année de Politique du Pétrole. Il pouvait en avoir, il ne l'a même pas voulu.

Quand on songe qu'il nous faudrait en temps de guerre, deux millions de tonnes de pétrole par an — que nous en avons à peine soixante mille — *que nous avons pas même cherché à acquérir ce qui nous manquait et refusé ce qui nous était offert* — je mets

---

1. C. F. 3ᵐᵉ édition de la « Lutte Mondiale pour le Pétrole », chapitre 22 : « Comment on empêcha en 1922 la France, d'acquérir l'Indépendance en Pétrole ».

au défi qui que ce soit, d'appeler cela une Politique du Pétrole.

S'il y avait jamais un nouveau conflit, de deux choses l'une : Ou l'Angleterre sera avec nous, et alors le robinet demeurera grand ouvert, puisqu'elle contrôle presque tous les marchés de pé_trole, ou elle sera neutre, et *nous savons combien sa neutralité est redoutable*. Nous n'envisagerons pas, bien entendu, le cas où l'Angleterre deviendrait notre ennemie.

Si l'Angleterre n'est pas avec nous, nous nous trouverons très vite dans une situation précaire. Comme neutre elle nous refusera tout combustible, et comme protectrice des neutres elle empêchera ceux-ci de nous en fournir ou d'en transporter. Souvenons-nous de la guerre russo-japonaise. A ce moment nous étions liés avec les Russes, et l'Angleterre était l'Alliée du Japon. Partout où les navires russes faisaient escale, jusque sur les rades françaises de Madagascar et de l'Indochine, des difficultés surgirent, beaucoup plus du fait de l'Angleterre que du Japon. Ce dernier, sûr de détruire la flotte russe dès qu'elle apparaîtrait dans ses eaux, ne s'énervait pas. *Ne pas avoir l'Angleterre avec soi, c'est l'avoir contre soi.*

Et il y a un point tout aussi grave auquel bien peu de personnes réfléchissent ; *ce tribut annuel de 2 milliards* que nous versons aux autres Puissances pour acquérir le pétrole, sans lequel nous ne pouvons vivre, *nous empêche d'amortir notre Dette de Guerre*. Il nous empêche de relever notre change.

Voilà pourquoi le franc est si bas, et se dévalorise depuis 4 ans, tandis que la maîtrise pétrolière de l'Angleterre, lui devient, si l'on peut s'exprimer ainsi, machine à pomper les francs et les lires, et lui permet de faire des consommateurs de pétrole dans toutes les contrées des contribuables, pour le prompt amortissement de sa dette de guerre. C'est ce qui explique que le relèvement financier de l'Angleterre soit si rapide.

Très souvent l'on entend poser autour de soi cette question : « *Comment se fait-il que le péril allemand,* si évident pour les Etats de l'Europe Occidentale, car certains Etats de l'Europe Orientale n'ont que tout intérêt à le voir croître — *soit nié avec une telle force par les Anglo-Saxons ?* Comment se fait-il qu'il n'y ait pas un économiste, homme d'affaires, intellectuel anglais, *pas un homme cultivé* de l'Empire Britannique que vous puissiez convaincre ?

C'est ce que le public français ignore que la négligence et le dédain en apparence si déconcertants, que la Grande-Bretagne fait paraître du péril allemand, tient dans la maîtrise du pétrole qu'elle est parvenue à s'assurer. *On ne fait pas la guerre sans pétrole,* et sans la permission de l'Angleterre, on ne se ravitaille pas en pétrole. *Donc, aux yeux de la Grande-Bretagne, il n'y a pas de danger allemand.* Il n'y en a plus pour elle.

Nous ne pouvons en dire autant :

La question du pétrole reste donc aussi grave pour la France que la question des Réparations.

Je ne crois rien avoir dit d'extraordinaire en déclarant que « l'Anglo-Persian » est sous le contrôle du Gouvernement Britannique. C'est un fait avéré et reconnu de tous.

Le Directeur des Pétroles lui-même dans sa note du 6 juin 1922, déclare que le contrôle « exercé par l'Amirauté sur l'Anglo-Persian » et les tentatives (alors récentes), de « la Royal Dutch » au Caucase au mépris complet des intérêts français, sont faits pour légitimer nos craintes du côté britannique ».

D'ailleurs, il n'y a pour s'en rendre compte, qu'à voir le nombre d'actions détenues par le Gouvernement anglais et le rôle joué par les Membres du Conseil d'Administration, qu'il a le droit de nommer. Mais, l'Anglo-Persian n'est pas une Société Etatiste avec l'acceptation donnée en France à ce mot.

J'ai même fait remarquer dans mon ouvrage, que si elle a donné d'aussi bons résultats, c'est parce qu'elle était dirigée exclusivement par des hommes d'affaires, et que les fonctionnaires Membres de son Conseil veillaient simplement à ce qu'elle ne s'écartât pas des directives tracées par Londres.

C'est parce que le Gouvernement Britannique est trop accaparé par l'Anglo-Persian que la « Royal Dutch » qui marcha si longtemps d'accord avec lui, cherche un autre appui. Un Trust d'une telle envergure, a nécessairement besoin d'être secondé par les forces Politiques et Diplomatiques d'une grande Puissance. Il est tout naturel que la « Royal Dutch » se soit d'abord tournée vers le Gouvernement Anglais, car par la largeur de ses vues, et l'audace de ses conceptions, il a été pendant ces dix dernières années le premier Gouvernement du Monde. Mais elle se contenterait volontiers, maintenant, de l'appui du Gouvernement français ; et il est possible qu'elle ait sur lui, des vues pour l'avenir ; d'ailleurs, chaque fois que le Gouvernement Britannique ne faisait pas ce qu'elle désirait, elle le menaçait de s'appuyer sur la France. C'est ce qui se produira peut-être très prochainement, car tout ce qu'avait préparé M. Baldwin d'accord avec le dirigeant suprême du grand Trust vient de s'écrouler.

Qui ne se souvient des négociations de l'été dernier, au sujet de la Mésopotamie?

*
* *

En tous les cas, il est une faute, qui, vu l'état de nos finances, sera réellement désastreuse pour le pays, si elle se réalise.

On a poussé l'un des membres du précédent Cabinet à demander que la France construisit derrière nos grands Ports, des réservoirs d'une capacité telle qu'ils puissent contenir la quantité de pétrole nécessaire pour subvenir à nos besoins pendant une année de guerre, soit 2 millions de tonnes.

Je ne sais si les promoteurs de cette idée ont réfléchi ; dès les premiers signes de tension internationale, nous risquerions de ne pouvoir recueillir dans le monde entier, la moindre goutte de pétrole, *parce que nous n'avons pas su acquérir les gisements nécessaires à nos besoins*. Nous nous trouverons du jour au lendemain avec des réservoirs de dimensions formidables *que nous serons incapables de remplir, et qui nous coûteront plus d'un milliard :*[1]

« Si l'on veut, par exemple, que la France ait, sur son territoire, les produits de pétrole qui lui seront nécessaires pour une durée d'une année de guerre, l'Etat devra disposer indépendamment des stocks des importateurs, les stocks ci-après :

	Consommation à prévoir Production française déduite	Stocks des importateurs	Stocks à constituer par l'Etat	
			Quantités	Valeur
Essence.	671.000 tonnes	125.000 T.	546.000 T.	600.000.000 Fr.
Huile lampante. .	374.000 —	65.000 T.	309.000 T.	108.000.000 Fr.
Huile graissage. .	307.500 —	35.000 T.	272.500 T.	275.000.000 Fr.
Huile combustible	1.026.500 —	25.000 T.	1.001.500 T.	600.000.000 Fr.
Total. . .			2.129.000 T.	1.183.000.000 Fr.

1. Le Gouvernement a déposé sur le Bureau de la Chambre, au printemps dernier, un projet l'autorisant à exécuter de 1923 à 1929, une première partie de ce programme malheureux, alors que nous ne nous sommes encore assurés la possession d'aucun gisement, sauf ceux de Roumanie et de Pologne, avec lesquels nous ne pourrons avoir aucune communication en temps de guerre.

A ce total de 1.183.000.000 francs ; il conviendrait d'ajouter environ 100.000.000 de francs pour construction de réservoirs et installations de tuyauteries.

Le capital ainsi immobilisé par l'Etat serait donc de 1.300.000.000 environ, représentant un intérêt annuel de 80.000.000 de francs environ.

Il serait vraiment malheureux de perdre tant d'argent pour rien, car non seulement cela ne nous donnera aucune sécurité, parce qu'il est possible que dans les mois précédant un nouveau conflit, beaucoup d'Etats refusent de nous ravitailler ; mais nous perdrons en outre une somme de 20 millions par an représentant la perte résultant de l'évaporation (2 % en moyenne) de ces grands lacs artificiels, *si nous arrivons à les remplir.*

S'il y a une « Politique de la charrue avant les bœufs », c'est bien celle qui consiste à se lancer dans d'aussi folles dépenses, et non celle que j'avais préconisée : Créer une Holding Company contrôlant diverses Filiales chargées d'exploiter les gisements qui nous ont été offerts (Empire russe, Mexique, Nord de l'Amérique Latine) et qui étaient plus que suffisants pour nous assurer l'Indépendance). C'est d'ailleurs celle que M. Poincaré vient d'adopter.

*
* *

Le 7 novembre 1923, se tint la 1re assemblée constitutive du « Syndicat français d'Etudes Pétrolières » fondé à la demande du Gouvernement français.

Constitué dans la forme syndicale en parts dont le total porte son capital à 1.080.000 francs, il va procéder à la création définitive de la Holding Company française pour la création de laquelle je lutte depuis près de deux ans.

Cet organisme qui recueillera tout ce que la France peut avoir dans le Monde se nommera la « Cie Française des Pétroles[1] ».

L'événement est capital. Des négociations ont été immédiate-

---

1. Cette Société vient d'être créée au capital initial de 25 millions, dont 12.500 actions A nominatives de 500 fr. ne pouvant appartenir qu'à des Français, disposant de 20 voix par action, et de 37.500 actions B au porteur, n'ayant qu'une voix.

ment entreprises avec la Roumanie — et avec l'Angleterre au sujet de la « Turkish Petroleum ».

Nous voici au point de départ d'une nouvelle phase de l'histoire de la Politique du Pétrole dans le Monde. Car le Gouvernement Français va prochainement lever l'option qu'il possède sur le quart des actions de la « Turkish » (40.000 £). Les gisements de Mésopotamie vont être exploités d'accord avec l'Amérique :

1/4 du capital appartiendra aux Américains.

1/4 à la « Royal Dutch ».

1/4 à la France.

1/4 au grand Trust d'Etat britannique l' « Anglo-Persian », que M. Ramsay Macdonald a officiellement décidé de conserver sous le contrôle de Londres — alors que M. Baldwin, quinze jours avant sa chute, s'apprêtait à le livrer à la « Royal Dutch ». Le Syndicat français d'Etudes Pétrolières va disparaître pour céder la place à la Holding Company appelée à devenir l'instrument agissant de notre Politique.

****

Mais il ne suffit pas de créer en quelque sorte un Trust d'Etat (que ce mot n'effraye personne !) dans le genre de l'Anglo-Persian — et qui mettra d'ailleurs peut-être un grand nombre d'années avant d'atteindre son envergure. Il faut que nous nous préoccupions un peu plus des questions capitales pour la Défense Nationale — et ne pas continuer — comme nous le faisons, à laisser nos stocks de pétrole à la portée des Puissances que nous avons le plus à craindre. Cette répartition, au mieux des intérêts privés et au plus grand détriment de ceux de la Nation, est déplorable.

52 % de nos réserves sont à Rouen — et une grande partie du reste au Havre et à Dunkerque. *Le jour même d'une déclaration de guerre, ces stocks seraient anéantis par l'aviation ennemie.* Nous manquerions de pétrole pour les camions automobiles, les tracteurs d'artillerie, l'aviation, les sous-marins. « Sans essences pour les camions, les tracteurs, les automobiles et les avions — sans huiles lourdes pour les chaudières des navires et des moteurs industriels — sans huiles de graissage pour toutes les machines, comment assurer le déplacement combiné des armées ? » La dernière guerre a surtout été une « Guerre du Pétrole ». Les grands

Etats-majors se rendirent réellement compte de son utilité, lorsqu'il fallut défendre Verdun, relié à l'arrière par une malheureuse ligne à voie unique. La destruction de nombreuses voies ferrées, l'insuffisance du réseau derrière le front, amenèrent de plus en plus les généraux à faire leurs transports de troupes par autos-camions. Ainsi que l'écrivit M. Henry Bérenger, cette guerre fut la « victoire du camion sur le rail ». Sa dernière phase a surtout consisté dans une manœuvre d'automobiles et d'avions contre une manœuvre de voies ferrées. Riches en matériel de chemin de fer, les Allemands étaient pauvres en essence. C'est ce qui fit notre victoire en 1918.

Dans la situation actuelle, en cas de nouveau conflit, nous serions réduits à capituler au bout d'une douzaine de jours. Qu'on se souvienne de ce qui se passa en 1917, quand nous n'avions plus de pétrole que pour 4 jours, et faillîmes perdre la guerre [1].

En mettant ainsi « tous les œufs dans le même panier », au vu et au su de tout l'univers, nous donnons à nos ennemis la tentation de nous sauter à la gorge et de nous écraser avant que nous ayons pu causer chez eux, grâce à nos avions, des dégâts irréparables. Aller bombarder Le Havre, Rouen ou Dunkerque ne leur sera pas plus difficile qu'il ne le fût pour eux de bombarder Paris.

Au lieu de dépenser à Brest des sommes folles pour constituer des stocks d'habillement et des stocks de briquettes qui se détériorent et perdent leurs calories, alors qu'il n'y a même pas les moyens de stockage suffisants pour le gaz-oil des sous-marins — ne ferait-on pas mieux d'y mettre à l'abri nos réserves si dangereusement placées. Il y a là des choses lamentables, qui révoltent nos hauts fonctionnaires, et sur lesquelles ils essayent en vain d'attirer l'attention des Pouvoirs Publics [2].

Ne serait-il tout de même pas enfin temps d'agir ?

Pierre l'Espagnol de la Tramerye.

---

1. « La Lutte Mondiale pour le Pétrole », p. 96.

2. Nul article ne mériterait mieux de retenir l'attention du Gouvernement et du Parlement que celui que M. le Commissaire Principal de la Marine Raymond Huau écrivit dans la « Revue Pétrolifère » du 24 nov. 1923 sur « Brest Port Pétrolier » — début d'une série d'Etudes spécialement dédiées à nos Parlementaires.

LE MOUVEMENT SCIENTIFIQUE UNIVERSITAIRE

A PROPOS DE LA TOURBE

LE PROBLÈME DE L'ÉNERGIE

La grandeur et la prospérité d'une nation à l'époque actuelle, ne réside pas seulement comme le pensaient nos Pères, dans l'épanouissement de l'agriculture et dans la possession de l'Or, mais dans les disponibilités de cette nation en « Energies » : houille, pétrole, force vive des masses d'eau en mouvement, etc...

Nous avons pendant toute la guerre cruellement souffert de l'insuffisance de ces générateurs de vie économique. A l'heure actuelle, le problème de l'énergie est le plus important de tous.

La France manque de combustibles immédiatement utilisables. Il nous les faut importer au détriment de notre relèvement économique. Utilisons-nous vraiment nos disponibilités nationales ?... Il n'est pas permis de le penser en constatant que 3 milliards de m^3 de combustibles demeurent sans emploi, sans que personne songe à les utiliser.

UN COMBUSTIBLE MÉCONNU

La tourbe est une agglomération de mousses, d'arbres, d'arbustes, d'herbes, lentement décomposés en un résidu charbonneux.

Plus de 100 mille hectares de notre territoire sont tourbeux à une profondeur moyenne de 3 mètres.

Si on réalisait une exploitation économique de la totalité disponible ce serait un véritable bienfait national.

La question est aussi de toute première importance pour les autres pays car cette houille végétale, en constante formation, couvre des étendues immenses dans toutes les parties du monde.

IMPORTANCE DES GISEMENTS

En Belgique, en Hollande, les grands gisements se prolongent par le Hanovre dans toute la plaine lacustre en bordure de la mer

Baltique. La seule tourbière de l'Ems contient, au dire de récentes statistiques, l'équivalent en combustible de 300 millions de tonnes de houille. Avec la Saxe, la surface couverte de marais tourbeux occupe les 4,24 centièmes du territoire Allemand. En Russie les tourbières sont immenses (38 millions d'hectares) et profondes (10 à 15 m.).

La Bohême, les Pays Scandinaves en renferment d'énormes réserves..., pour le nord de la Suède, elles correspondent à 58 milliards de tonnes de houille.

On trouve des gisements en Suisse et dans le Royaume-Uni (1/7e du sol de l'Irlande sur 15 mètres d'épaisseur).

Les experts du service géologique fédéral évaluent aux Etats-Unis la surface des gisements à 38 millions d'hectares.

On n'a encore pu apprécier leur étendue en Asie.

Comment se fait-il que cette matière première, si abondamment répandue, n'ait pas vu son emploi généralisé comme la houille et le pétrole ?...

Un seul obstacle s'est dressé et a tout entravé..., *le séchage.* L'expulsion à bon marché de la grande quantité d'eau contenue dans la tourbe, est la principale difficulté qui arrête l'exploitation des tourbières et cause le plus souvent l'insuccès des entreprises.

DES MODES DE SÉCHAGE

Les traitements sont divers.

On commence par assécher la tourbière, en drainant les marais. Si les fossés ne suffisent pas, on pompe l'eau à la vis hydraulique qu'un moulin à vent peut actionner.

La tourbe recueillie est plus dense que l'eau. Elle retient 90 % d'humidité. Un des constituants habituels de la tourbe est l'hydrocellulose, substance gélatineuse gorgée de 25 fois son poids de liquide, qui peut subir la pression sans abandonner d'eau.

Le séchage à l'air libre est le plus avantageux des pis-aller mais il n'est ni rapide ni réalisable en grand : La pluie constitue un sérieux obstacle et la gelée désagrège les briquettes.

La presse hydraulique laisse 60 % d'eau pour 15 francs-or de dépenses par tonne traitée.

Le cylindre poreux centrifugeur, qui élimine 20 % d'eau, travaille à des prix prohibitifs.

La Tourbe, Van Eecke. Dunod, Editeur, Cop. 1918.
La Tourbe et son utilisation, P. de Montgolfier. Dunod, Editeur, 1918.

Un ingénieur anglais, J.-B. Bessey, rend la tourbe conductrice par addition d'un produit chimique et en électrolyse l'eau. Il a prétendu obtenir d'excellents résultats dans une exploitation de 300 tonnes par jour.

Le séchage par la chaleur ne peut être qu'accessoire (récupération des gaz chauds destinés à être perdus et provenant d'un foyer affecté à un autre usage). En effet la tourbe à 85 % d'eau ne donne que 15 % de produits utilisables, ces 15 % contiennent à peine les calories nécessaires à l'évaporation des 85 % d'eau : a supposer que les chaudières employées aient les meilleurs rendements !

A Dorchester, on pulvérise la tourbe sur le terrain avec une roue à palettes animée d'une grande vitesse de rotation. On abandonne le produit à lui-même... après dessication relative la récolte s'accomplit à toute proportion d'humidité voulue, en aspirant avec un énorme collecteur de poussières par le vide.

Le rendement de l'affaire serait très satisfaisant.

USAGES DE LA TOURBE

La tourbe se prête à de nombreuses utilisations. Elle est surtout employée comme combustible (briquettes, bûches, boulets ou poussier).

Une tonne de tourbe a un pouvoir calorifique égal à celui des 5/9° d'une tonne de bon charbon ; elle brûle complètement avec très peu de cendres et n'attaque pas les foyers.

UTILISATION DES SOUS-PRODUITS

Les sous-produits de la distillation sont des goudrons, des eaux ammoniacales et des gaz. Les usages du goudron à l'état brut sont bien connus : la créosote qu'il contient le rend précieux pour la conservation des bois (poteaux télégraphiques, traverses de voies ferrées, pavés).

Par distillation le goudron fournit des huiles légères d'éclairage, des huiles lourdes à graisser, des huiles créosotées, de la paraffine qui trouve tous les jours de plus grands débouchés malgré l'usage moindre des bougies.

Les eaux ammoniacales

donnent : 1° de l'acide acétique ; 2° du sulfate d'ammoniaque (32 kilos par tonne de tourbe) qui forme la base des engrais, d'où sa grande utilité pour l'agriculture ; 3° de l'alcool méthylique (16 kilos par tonne de tourbe). On sait combien l'alcool méthylique est rare et cher. Malgré cela on ne connaît pas de distillation de tourbe en France.

Autres produits.

Alcool : 30 à 40 litres par tonne. Gaz : on recueille une grande quantité de gaz non condensables (Méthane, Hydrocarbures, Oxyde de Carbone, Hydrogène), l'utilisation de ces gaz est très intéressante pour fournir la force motrice à l'industrie dans des moteurs à explosion. La production avec la tourbe, de gaz à l'eau, serait rémunératrice..., de grandes centrales électriques fonctionnent au gaz de tourbe à l'étranger.

Usages divers.

En traitant convenablement la tourbe par le sulfate de zinc et l'acide sulfurique on obtient des savons.

La fabrication du papier, se heurte à un obstacle, malgré le prix de revient très bas, les cartons et papiers obtenus sont cassants..., on ne peut incorporer la tourbe qu'à proportion de 80 %.

On pave des rues de grandes villes (Dresde) en Allemagne avec des comprimés de tourbes imputrescibles.

Ses qualités isolantes et absorbantes la font utiliser dans le tissage (Vêtements Rasurel) en succédanés du coton hydrophile.

On préserve de la gelée les conduites d'eau par un revêtement de tourbe.

On remplace avantageusement la paille par la tourbe pour la litière (pouvoir absorbant).

Incorporée à de la mélasse la tourbe, alimente le bétail. Les légumes et les fruits se conservent remarquablement dans la tourbe en gardant leur fraîcheur et leur saveur... Il y a beaucoup à expérimenter dans cette voie.

CONCLUSION

On voit par ce simple aperçu combien l'utilisation de la tourbe offre de ressources et, combien serait grand le service rendu si on arrivait à écarter l'obstacle à toutes ces belles applications..., l'élimination de l'humidité.

Cette question passionne le monde scientifique des universités de tous pays.

Aux Etats-Unis, d'après l'avis de professeurs des Universités, le gouvernement a envoyé à la veille de la guerre les ingénieurs Ch.-A. Davis et Nystrom chargés d'étudier des procédés d'extraction en vue de l'exploitation des tourbières Américaines. (Comptes rendus de leurs travaux, disponibles à l'imprimerie du gouvernement, à Washington.)

Au Danemark et en Grande-Bretagne les organisations scientifiques ont contribué à la création de revues pour tenir les industriels au courant des perfectionnements [1].

En Suède un technicien éminent, le Capitaine Wallgren, a fait consentir par son gouvernement d'importantes subventions pour la création d'exploitations.

La Suède travaille aussi dans le même sens et publie la *Svenska Mosskul turforeningens Tidskrift*. Ainsi que l'Italie avec sa *Societa per l'Utilizatione del combustibili Italiani*.

Les progrès les plus considérables ont été faits par l'Allemagne par les recherches combinées des Universités et des ingénieurs.

Que faisons-nous en France dans cet ordre d'idées ?... A l'Université de Paris, quelques efforts, isolés, d'éminents professeurs... pas de tendances bien nettes de la part des élèves.

A signaler que M. Chabrié, l'éminent directeur de l'Institut de Chimie Appliquée, donne un enseignement très documenté sur la question en même temps que sur celles des charbons, lignites et schistes bitumineux.

Dans une autre Faculté un laboratoire très bien outillé se livre à des recherches sur les produits gazeux et condensables obtenus par distillation de ces substances.

Qui entreprendra un travail pour la recherche de procédés d'exploitation économique de cette grande richesse nationale ?... Une belle thèse est à faire... mais... attention au choix du Jury ! La Faculté n'est pas unanime à préconiser les travaux utilitaires.

En France on aime mieux la science pure et désintéressée.

DANIEL REULOS DE MIRMONT.

---

1. Ces revues techniques sont d'une part la *Hedsels Kabets Tidskrift*, d'autre part, *Irish Peat Industrie & Irish Peat Developpement*.

LA VIE UNIVERSITAIRE

EN FRANCE ET A L'ETRANGER

PARIS

Au ministère de l'Instruction publique

M. Henry de Jouvenel, ministre de l'Instruction Publique, des Beaux-Arts et de l'Enseignement Technique, a reçu les membres du Comité de l'Entente générale de l'enseignement primaire et primaire supérieur, qui l'ont assuré du loyalisme et de la collaboration confiante de leurs groupements.

Le ministre, qui a fait à la délégation le plus cordial accueil, s'est félicité d'une collaboration dont il attend les meilleurs résultats pour l'éducation nationale.

★

Ministres Universitaires

★ Le nouveau ministre des Régions Libérées, M. *Louis Marin*, auteur du fameux rapport sur la suppression d'une centaine de collèges départementaux, est un ancien universitaire de Nancy.

★ M. *Daniel Vincent*, ministre du travail et de l'hygiène, a été professeur à l'Université, avant de représenter le département du Nord, à la Chambre, où il siège depuis 1910.

★

Un Ministère d'éducation nationale

Le Centre d'études administratives publie une brochure contenant un projet d'organisation du ministère de l'éducation nationale. L'enseignement serait réparti en quatre degrés, le troisième étant réservé à la préparation des carrières techniques. Les rôles respectifs des recteurs, des inspecteurs et du ministre sont esquissés. Le petit livre que M. Brunschwig a consacré il y a deux ans au même sujet est infiniment plus séduisant, logique, concluant que cette trop brève et trop formelle étude. Mais elle est au moins la preuve que l'organisation actuelle de l'enseignement en France est l'objet d'une légitime sollicitude de la part d'hommes sérieux et avertis.

★

L'inauguration de la Salle Jules-Ferry
à la Sorbonne

Fin mars a eu lieu, à la Sorbonne, l'inauguration de la salle Jules-Ferry.

M. Ferdinand Buisson a évoqué l'œuvre universitaire de Jules Ferry et M. le recteur Appell, en le remerciant d'avoir bien voulu répondre à l'invitation du Comité de patronage, a rappelé l'historique de la fondation Jules Ferry.

C'est, en effet, par dispositions testamentaires que Mme Ferry a laissé à la Sorbonne tous les papiers personnels de son mari et une bourse annuelle destinée à un universitaire.

Parmi les personnes présentes, on remarquait : M. Méline, M. Honnorat, M. Lanson, le général Hirschauer, M. François Albert, etc.

***

Les Universitaires au secours de Miguel Unamuno

C'est à l'initiative de l'éminent Professeur Charles Richet, que l'Université de France aura dû, de faire entendre sa voix officielle, au sujet de la protestation unanime qui s'est élevée contre la déportation du Recteur de l'Université de Salamanque.

M. Charles Richet, a déjà recueilli la presque totalité des signatures des universitaires français et nous devons lui savoir gré de s'être mis à la tête de l'indignation de la Pensée et de la Science Françaises.

***

Universitaires à l'Elysée

Le Président de la République a reçu cette semaine M. Barthélemy, doyen de la Faculté de droit, qui lui a présenté les délégués étrangers venus assister au Congrès de criminalogie actuellement réuni à Paris.

***

Un Meeting de Professeurs

Le Syndicat national de l'enseignement secondaire et supérieur (section de la Seine et de la Seine-et-Oise) a organisé à la Bourse du Travail (salle Perrault) une grande réunion de propagande à laquelle tous les universitaires avaient été conviés.

MM. Zoretti, professeur à l'Université de Caen ; Rodrigues, professeur au lycée Janson-de-Sailly, et Lévy-Bruhl, professeur à la Sorbonne, ont parlé du syndicalisme universitaire. Une discussion générale a suivi les exposés des orateurs.

***

Soutenance de thèses

M. Georges Dumézil a soutenu les deux thèses suivantes pour le doctorat devant la Faculté des lettres de Paris, le 5 avril. Thèse supplémentaire : « Le, crime des Lemmiennes. — Rites et légendes du monde Egéen. » Thèse principale : « Le Festin d'immortalité. — Esquisse d'une étude de mythologie comparée », et M. Paul Dottin les deux thèses suivantes devant la même Faculté, le 2 avril. Thèse complémentaire : « Robinson Crusœ examin'd criticis'd now published with an Introduction and explanatory notes. » Thèse principale : « Daniel de Foé et ses romans. »

***

Pour la bibliothèque de l'Université de Tokio

On se souvient que, lors du tremblement de terre qui a dévasté Tokio le 1er septembre, la bibliothèque de l'Université a été complètement détruite. La reconstruction de cet important organe indispensable aux études préoccupe, à juste titre, les dirigeants de l'enseignement supérieur au Japon. Le conseil de l'Université de Tokio a envoyé en Europe M. Takayanagi, professeur à l'Université, pour coordonner les efforts des personnalités généreuses qui, dans les divers pays européens, ont spontanément apporté leur concours à l'œuvre de restauration de la bibliothèque de l'Université impériale. En France, l'œuvre du « Rapprochement universitaire », fondée sous les auspices de M. Poincaré, a organisé dans ce but, un comité qui siège au musée Guimet, sous la présidence de M. Maître.

M. Takayanagi, qui vient d'arriver à Paris, fait appel à toutes les institutions et à toutes les personnes, auteurs, éditeurs, etc... désireuses de contribuer, par l'envoi de livres de toute nature, au relèvement de la bibliothèque. Les envois devront être adressés, soit au comité organisé par le « Rapprochement universitaire », au musée Guimet, soit à l'ambassade du Japon à Paris, ou aux consulats du Japon à Lyon et à Marseille.

***

A la Bibliothèque nationale

Sous le haut patronage du président de la République, du président du conseil, des ministres de la guerre, de la marine, de l'instruction publique et des colonies, s'ouvrira dans la seconde quinzaine du mois de mai, à la Bibliothèque nationale, une intéressante exposition organisée avec le concours des Amis des grandes bibliothèques publiques. Elle comprendra un choix exceptionnel de livres, reliures et manuscrits des plus rares ainsi qu'une magnifique suite d'estampes, gravures et médailles des collections de la rue de Richelieu et de la bibliothèque Mazarine. Des tapisseries et des meubles anciens appartenant à l'Etat complèteront cet ensemble de haute qualité artistique et historique.

La recette sera consacrée aux frais d'édition de l'anthologie que les écrivains combattants vont faire paraître en souvenir de leurs camarades morts à la guerre.

Cette heureuse initiative est due au nouvel administrateur général de la Bibliothèque Nationale, M. Roland-Marcel, dont nous reconnaissons là, l'activité généreuse.

***

Société de l'Histoire de l'Art français

M. Lemonnier, membre de l'Institut, a montré comment les propriétaires de Chantilly, du xive au xviiie siècle, principalement les Montmorency et les Condé, agrandirent et embellirent leur domaine. M. Marquet de Vasselot, avec le concours d'un croquis d'Hubert Robert et d'autres documents dessinés ou peints, a reconstitué le Musée des antiques au Louvre, dans l'état ou il se trouvait sous la Révolution et l'Empire. M. Serbat a présenté et commenté un manuscrit que l'architecte Huvé, mort en 1808, rédigea à la fin de sa vie pour accompagner des dessins aquarellés qu'il avait exécutés d'après des monuments pendant son séjour en Italie comme pensionnaire de Rome, entre 1774 et 1775.

***

A l'Académie des Sciences

En remplacement du comte de Gramont, décédé, l'Académie des Sciences, au cours de sa réunion hebdomadaire, a élu M. Alexandre Desgrez dans sa section des académiciens libres.

Le nouvel académicien fut un des premiers à résoudre le problème de la régénération de l'air confiné à l'aide du peroxyde de sodium. Pendant la guerre, il a dirigé l'un des laboratoires chargés de la protection de nos soldats contre les gaz asphyxiants.

***

A l'Académie des Sciences Coloniales

Au cours de la dernière séance plénière, présidée par M. Hanotaux, M. Henry Hubert a déposé et analysé l'ouvrage de M. Ch. Monteil sur les Bambaras. M. Dehéran lut une étude très intéressante sur le séjour d'un architecte français au Cap à la fin du xviiie siècle et sur les œuvres de caractère français qu'il y réalisa. Enfin, M. Waddington, président de l'Association cotonnière coloniale, exposa les résultats de la mission d'études qu'il vient de faire en A. O. F., où les conditions sont très favorables à la production cotonnière. Il indiqua qu'en 1904 les colonies françaises n'exportaient pas une balle de coton et que l'an dernier elles en ont donné 25.000.

**

A l'Académie de Médecine

L'Académie de médecine a procédé à l'élection de deux correspondants étrangers.

Après avoir élu M. William Park, de New-York, elle a élu un médecin tunisien bien connu, le docteur Dinguizli, auteur de nombreuses communications à l'Académie de médecine dont nous avons relaté ici même l'intérêt.

Le docteur Béchir Dinguizli est le premier musulman ayant été autorisé à prendre la parole à l'Académie de médecine et le premier musulman que cette Compagnie ait élu correspondant.

Il est né à Tunis le 12 février 1869, d'une des plus anciennes familles tunisiennes dont les sentiments francophiles se sont souvent manifestés.

Il a fait ses études en France, où il a conquis, à l'Université de Montpellier, le grade de docteur en médecine.

Médecin de S. A. le bey de Tunis, médecin du gouvernement tunisien, le docteur Dinguizli, qui est officier de la Légion d'honneur, a été chargé par le ministre des Affaires étrangères de créer au Maroc le dispensaire-hospice de Meknès. Il a été chargé de mission à La Mecque.

Ses travaux sont nombreux. Il a publié des ouvrages sur la variole en Tunisie, la criminalité en Tunisie, l'hygiène de la première enfance chez les indigènes en Tunisie, l'adaptation des prescriptions religieuses musulmanes à l'hygiène moderne, etc., etc.

L'élection du docteur Dinguizli — qui parle notre langue sans difficulté et qui est marié à une Française — permet de constater que la France, en plaçant les peuples arabes sous sa protection, leur ouvre la porte des plus hautes situations scientifiques.

**

A la Faculté de Médecine de Paris

Mlles Cordier, Crémieu, MM. Dansac, Dehan, Gasiglia, Hermier, Mme Le Conte-Boudeville, MM. Letondal, Lopez E. Alen, Mlle Petot, Mme Requin, M. Souty ont subi avec succès les épreuves pour l'obtention du diplôme de puériculture pour les docteurs en médecine (octobre 1923).

Mlles Alexandre, Bonnafous, Dupont, Mme Rousset, Mlle Stehelin ont subi avec succès les épreuves pour l'obtention du diplôme de visiteuse d'hygiène maternelle et infantile (février 1924).

**

Faculté des sciences

M. Seurat, professeur, a fait le vendredi 21 mars, une conférence sur : Organismes pélagiques.

**

Les maîtres d'internat

L'Amicale des Maîtres d'internat des lycées et collèges de l'Académie de Paris a tenu un congrès à Paris le 27 février 1924.

L'assemblée procède de suite à l'élection d'un nouveau bureau ; sont élus à l'unanimité : Président : M. Fabre ; secrétaire général : M. Biondi ; vice-président : M. Toubiana ; secrétaire-adjoint : M. Lombard ; trésorier : M. Malapert.

Après avoir entendu les remerciements du nouveau président, le congrès s'occupe de diverses questions et en particulier de celle des traitements dont l'insuffisance est flagrante par ces temps de vie chère.

Enfin, avant de se séparer, les maîtres d'internat décident d'admettre dans les rangs de l'Amicale les surveillantes d'internat, afin de les aider à sortir de la situation précaire dans laquelle elles se trouvent par la faute de certaines directrices d'établissements.

**

La Confédération intellectuelle renouvelle son bureau

La Confédération des travailleurs intellectuels (C. T. I.) vient de renouveler comme suit son bureau, pour l'année 1924 :

Délégué général, M. Emile Borel ; délégués généraux adjoints : MM. Frantz Jourdain, José Germain et Guiselin ; secrétaire général : M. Sainte-Laguë ; secrétaires généraux adjoints : MM. Alfred de Tarde, André Léveillé et Rodrigues ; trésorier général : M. Léon Xanrof ; trésorier général adjoint : M. Charles Marie ; archiviste : le docteur Foveau de Courmelles.

M. Gabriel Scellier, reste agent de liaison entre les diverses sections.

**

A l'Université de Paris

M. Lelong, professeur honoraire à l'Ecole des Chartes, a reçu l'autorisation de faire, pendant le deuxième trimestre, à la Faculté de droit, un cours libre sur les sciences auxiliaires de l'histoire du droit : bibliographie, paléographie, histoire du droit.

.*. M. David Weill, un des grands bienfaiteurs de l'Université. vient d'offrir au directeur de la bibliothèque d'art et d'archéologie de l'Université de Paris (fondation Jacques Doucet) une somme de 20.000 fr. en vue de l'acquisition d'une partie du journal autographe de Delacroix.

.*. Mme G. Lemoine vient de faire à la bibliothèque de l'Institut de physique du globe un don important de livres de météorologie.

.*. M. Saldana, professeur à la faculté de droit de Madrid, vient d'être invité par le Conseil de l'Université à faire des conférences à la faculté de droit comme professeur agréé. C'est sur ses suggestions que la Faculté de Paris a pris, récemment, l'initiative de constituer une association internationale de droit pénal.

.*.

En Sorbonne

M. Baslevant, professeur à la Faculté de droit, a fait une conférence sur la Cour de justice internationale rendant son premier arrêt dans l'affaire de Wimbledon.

.*. M. W. L. Reinwick, professeur de littérature anglaise à l'Université de Durham (Angleterre), a fait une conférence en anglais sur « Ronsard and Spencer, two princes of poetry ».

.*. M. Thadée Grabowski, professeur à l'Université de Poznan, fera six conférences, à la Sorbonne, sur les grandes époques de la littérature polonaise. La première, sur le moyen âge, a eu lieu le vendredi 21 mars, à 17 heures, amphithéâtre Richelieu. M. le professeur Grabowski dirigera des exercices pratiques à l'Institut d'études slaves, 9, rue Michelet.

.*.

CHEZ LES ÉTUDIANTS

Le nouveau bureau de l'A.

Le comité de l'Association Générale des Etudiants, composé d'une cinquantaine de membres, s'est réuni dans l'hôtel de la rue de la Bûcherie pour procéder à l'élection de son nouveau bureau.

Par 34 voix sur 49, M. Antébi a été réélu président au premier tour. Il comptait cette année abandonner cette charge, mais en présence des rivalités que pouvaient susciter une nouvelle élection, la plupart de ses camarades l'ont prié de se représenter.

Après bien des tours de scrutin et bien des ballottages, le nouveau bureau fut enfin désigné. Voici sa composition :

Vice-présidents : MM. Crouzat (Médecine) ; Loisel (Sciences politiques) ; Lorzat (Médecine). (M. Lorzat occupait les fonctions de trésorier dans le bureau sortant.)

Trésorier général : M. Abriq (Droit).

Trésorier adjoint : M. Delaris (Droit).

Secrétaires : MM. Viguier (Médecine), Chaussat (Pharmacie).

Bibliothécaires : MM. Guy (Lettres) ; Ernst (Lettres).

Président de la Commission des fêtes : M. Bié (Beaux-Arts).

Président de la Commission des avantages matériels : M. Dijon (P. C. N.).

Président de la Commission du bar : M. Giron (Droit).

*
* *

Les étudiants français à Cambridge et à Alger

Six délégués de l'Association générale des étudiants de Paris ont quitté Paris pour se rendre à Cambridge, invités cordialement par le Comité spécial de réception des étudiants de l'Université anglaise.

Les étudiants français s'arrêtèrent à Londres, où les attendaient les dirigeants de l'Union nationale des étudiants de Grande-Bretagne.

D'autre part, le bureau de l'Union nationale avait décidé de tenir sa prochaine séance à Alger. Son attention a été, en effet, attirée sur l'intérêt qu'il y aurait à développer parmi la jeunesse intellectuelle le goût des carrières coloniales, surtout en faveur de nos belles colonies nord-africaines, et, d'autre part, à créer, à Alger, un foyer d'étudiants susceptible de retenir davantage auprès de l'Université d'Alger la jeunesse studieuse.

Le bureau de l'Union nationale désire aussi manifester l'esprit de solidarité qui existe entre tous les étudiants français et, en accord avec l'Association générale des étudiants d'Alger qui organise sa réception, il entreprendra auprès des autorités locales et du gouvernement général les démarches propres à assurer la création d'organismes corporatifs (maison d'étudiants, restaurant pour les étudiants).

A cette manifestation d'expansion coloniale, de décentralisation universitaire et d'entr'aide estudiantine, M. Steeg, gouverneur général de l'Algérie, a prêté son haut patronage.

Le bureau de l'Union nationale comprenant MM. Deteix (A. G. de Clermont), Antébi (A. G. de Paris), Claude (A. G. de Paris), Rocherolles (A. G. de Bordeaux), Gauthier (A. G. de Nancy), Rousselier (A. G. de Marseille) est arrivé à Alger le 20 mars.

A l'ordre du jour de ses travaux figuraient deux questions très importantes : Organisation du prochain congrès national de Paris (avril 1924) ; préparation du congrès international de Varsovie (septembre 1924).

*
* *

La comtesse de Noailles chez les Etudiants

Le Cercle International des Etudiants, 13, rue Champollion, qui a déjà consacré cette année des séances à Jean Cocteau, Darius Milhaud, Ozenfant, Guillaume Janneau, a reçu, le jeudi 27 mars, Tristan Derème, qui a fait une conférence sur « la poésie de la comtesse de Noailles » et la comtesse de Noailles qui a récité des poèmes inédits.

***

Chez les étudiants en pharmacie

La section de pharmacie de l'Association générale des étudiants a élu son bureau : MM. Faugouin, président ; Beurton, vice-président ; Lemonnier, secrétaire ; Langlois, trésorier ; Carlier, droguiste.

***

*** La section de Pharmacie de l'Association générale des étudiants de Paris fait savoir aux stagiaires en pharmacie, qu'elle commencera ses conférences de préparation à la validation de stage, et les reconnaissances le mardi 1er avril 1924, à 14 h. 30.

Elle tient en outre à la disposition des stagiaires, moyennant 1 fr. 50 pièce, deux fascicules de conférences faites l'année dernière. Réduction de 50 % aux stagiaires inscrits à l'A. G.

Pour tous renseignements adresser la correspondance à M. Beurton, vice-président de la section.

***

La Section des Lettres de l'A.

La section des lettres de l'Association générale des étudiants vient de renouveler son bureau. Voici quelle en est la composition : président, M. Pierre Auscher ; vice-présidente, Mlle Jally ; secrétaire, M. Salmon ; service des conférences, M. Mendes-France ; service des bals, M. Sizané ; service de publicité, M. Serge Baguette ; service de la bibliothèque, M. Borie.

Ajoutons que le scrutin des lettres donnera, samedi prochain, à la Maison des étudiants, 13, rue de la Bûcherie, un grand bal de nuit.

***

Le nouveau bureau de la section de droit de l'A.

Des élections ont eu lieu à l'A. Il ne s'agissait pas d'élections générales, comme l'a laissé entendre un de nos confrères, mais du renouvellement annuel du bureau de la section de droit.

Voici la composition de ce nouveau petit ministère de la rue de la Bûcherie :

Président : M. Dusser, avocat à la Cour ; vice-présidents : MM. Beridot-Bourelly et Colonnier, vice-présidents sortants ; secrétaire : M. Lapeyronnie.

⁂

Au Cercle international des Etudiants

Poursuivant son œuvre de rapprochement entre les étudiants français et étrangers de Paris, le Cercle international des Etudiants a donné une très intéressante soirée polonaise. Après une causerie de M. H. Malhomme sur la Pologne, Mlle Stefania Yankowska, de l'Opéra de Saint-Sébastien, fut vivement applaudie dans ses « chansons polonaises ». Mlles Renée Rzyzanowska, Marcelle d'Azy et M. Surewies prêtèrent un concours très apprécié.

⁂

Au Congrès d'Alger

Pendant ses réunions à Alger, le bureau de l'U. N. a mis au point les diverses questions inscrites à son ordre du jour et les a étudiées au nom de tous les étudiants de France.

La vie matérielle de l'étudiant l'a préoccupé au premier chef ; ce sont les problèmes du logement et des chambres meublées, des restaurants et des pensions, des livres et des bibliothèques. Au sujet des chambres d'hôtel la circulaire de M. le Garde des Sceaux à MM. les Procureurs généraux en date du 23 février est en mesure de donner quelque tranquillité aux locataires au mois.

Les questions universitaires ont été également revues de très près. A la veille du Congrès National des étudiants fixé en avril le bureau de l'Union Nationale a délimité les cadres des revendications à poursuivre : ce sont actuellement outre les réformes des différentes branches d'études toujours à l'ordre du jour, l'augmentation des droits universitaires de l'enseignement supérieur et le non remboursement des sommes consignées pour la délivrance des diplômes en cas d'échec ou de non présentation. Le bureau a décidé de suivre de très près ces deux questions, car l'enseignement supérieur est officiellement gratuit et d'autre part il paraît illogique que le trésor puisse percevoir à plusieurs reprises les mêmes droits pour les mêmes parchemins.

Les questions militaires, recrutement, affectation des étudiants ainsi que la préparation militaire ont été aussi l'objet d'utiles précisions que l'Union Nationale a obtenues du Ministère de la Guerre.

Enfin le bureau a été heureux d'enregistrer l'aboutissement des revendications concernant le prêt d'honneur et les risques professionnels du corps médical hospitalier. Ce sont deux questions qui ont toujours tenu une grande place dans les délibérations des étudiants.

Puis, toutes ces questions générales épuisées, le bureau n'a pas manqué de s'intéresser tout particulièrement aux questions universitaires algériennes. Profitant de son voyage, à côté des magnifiques réceptions dont il a été l'objet, il a donné à son déplacement un caractère de documentation. Ainsi les revendications plus spécialement algériennes pourraient être utilement défendues, parce que mieux connues et mieux étudiées par le bureau de l'Union Nationale des Etudiants.

*
**

Le Prêt d'Honneur

Tout arrive !

L'institution des prêts d'honneur aux étudiants, qui fut élaborée si lentement, mène son travail rondement : le Conseil d'administration de l'Office national du prêt d'honneur s'est réuni pour la première et dernière fois sous la présidence de M. Léon Bérard.

Les vice-présidents et les membres de la Section permanente ont été élus. Une jeune fille, Mlle Van den Bergh, vice-présidente de l'Association générale des étudiantes de Paris, figurera dans la Section permanente, à côté de M. Deteix, président de l'Union nationale des associations générales d'étudiants. Les autres membres sont des représentants des principaux établissements d'enseignement supérieur.

D'autre part, plusieurs comités locaux se sont déjà réunis, en particulier celui de Paris que préside M. Paul Appell, recteur. Ils ont fait à l'Office central, des propositions qui vont permettre de procéder immédiatement aux formalités nécessaires pour le versement des premiers fonds.

Dans quelques jours, les premiers prêts d'honneur seront définitivement attribués.

*
**

A l'Association Générale des Etudiantes

Une délégation de l'Union Nationale des Etudiants Hongrois, composée de dix-neuf étudiantes et de treize étudiants vient de quitter Paris après une séjour d'une quinzaine dans la capitale.

Représentant vraiment l'élite intellectuelle Hongroise, médecins, ingénieurs, étudiants en lettres, en droit, en sciences, etc..., tous se sont passionnément intéressés aux richesses intellectuelles de Paris.

L'Association générale des Etudiantes de l'Université de Paris, 55, rue Saint-Jacques, membre de l'Union Nationale des Etudiants de France, avait préparé dans ses moindres détails la réception de leurs camarades hongroises ; ses membres furent leurs cicérones bénévoles pendant toute la durée de leur séjour. Bien des vues s'échangèrent, bien des sympathies s'ébauchèrent.

Le projet d'un prochain voyage d'étudiantes et d'étudiants Français à Budapest est à l'ordre du jour. Nouvelle réalisation des grands plans de visites amicales entre les étudiants des divers pays qui prirent part en septembre 1923, à Oxford, à la réunion internationale des Bureaux des Unions Nationales d'Etudiants. Ces plans se préciseront davantage encore en avril prochain, au Congrès de l'Union nationale à Paris et en septembre à Varsovie au Congrès International d'Etudiants et d'Etudiantes.

Les étudiantes auront le plus grand intérêt à assister nombreuses à ces congrès où elles se trouvent sur un pied d'égalité aux côtés de leurs camarades étudiants, puisque dans les mêmes conditions qu'eux elles y ont droit de vote et d'éligibilité.

En attendant que le Sénat et la Chambre suivent l'exemple des Associations des jeunes intellectuels, les étudiantes trouveront dans ces réunions une école préparatoire à leur vie politique future et un champ d'action sociale. Elles y rencontreront la majeure partie de ceux qui seront les dirigeants de demain et dès maintenant leur présence parmi eux sera peut-être le germe d'une meilleure et plus large compréhension des nations et en facilitera le rapprochement.

*
* *

L'exercice de la profession médicale par les agrégés

Le *Journal Officiel* a publié un décret du ministre de l'Instruction Publique, qui introduit dans les fonctions d'agrégé des facultés de médecine un élément nouveau. Le décret du 4 mars 1914 qui régissait jusqu'à présent ces fonctions ne parlait nullement de l'exercice de leur profession par ces agrégés. Le nouveau décret stipule des avantages pour ceux qui ne l'exerceront pas. Voici, en effet, le texte publié ce matin par l'*Officiel* :

Les agrégés des facultés de médecine et des facultés mixtes de médecine et de pharmacie sont nommés pour neuf ans dans les formes prescrites par un arrêté ministériel.

Ceux qui ne sont pas inscrits à la patente pour l'exercice des professions libérales sont nommés sans limite de temps après un stage d'enseignement régulier de deux ans, sur la proposition de la faculté et après avis favorable de la commission compétente du comité consultatif de l'enseignement public.

Les agrégés qui se feront inscrire à la patente postérieurement à leur nomination cesseront leurs fonctions après neuf ans d'exercice.

*
* *

Le congrès des chimistes

L'Association des chimistes a tenu hier, dans l'hôtel de la Société d'encouragement, son congrès annuel au cours duquel a été inauguré le buste de son fondateur, François Dupont, œuvre du statuaire Victor Ségoffin.

M. François Fournier, ingénieur, conseiller du commerce, au nom de la Savoie, dont François Dupont était originaire, M. Albert Gouvion, président de l'Association des chimistes, M. Léon Lindet, membre de l'Institut et de l'Académie d'agriculture, président du comité permanent d'organisation des congrès internationaux de chimie que François Dupont fonda en 1896, ont rappelé devant une élite scientifique française et étrangère l'œuvre de celui qui contribua largement au progrès de la chimie appliquée durant ces trente dernières années.

*_**

L'éducation physique à la faculté de médecine

Les cours de physiologie de l'éducation physique que faisait avec tant de succès, à la faculté de médecine, le regretté professeur Langlois, va être continué par son élève, le docteur Paul Chailley-Bert.

Ces cours ont commencé samedi dernier, à 4 heures de l'après-midi, au grand amphithéâtre de l'école pratique, et se continueront tous les samedis, à la même heure ; ils seront complétés par des conférences et des démonstrations pratiques les mardis et jeudis.

*_**

INFORMATIONS PÉDAGOGIQUES

Une enquête sur l'enseignement primaire

Le Ministre de l'Instruction Publique a récemment soumis au Conseil Supérieur de l'Instruction Publique un questionnaire sur l'enseignement primaire.

Etant aujourd'hui en possession des réponses des membres du Conseil Supérieur, le Ministre va soumettre le même questionnaire tout d'abord à l'ensemble du personnel primaire et à ses chefs, c'est-à-dire aux meilleurs juges des réalités scolaires, puis en même temps aux « usagers » et en particulier aux associations et syndicats patronaux ou ouvriers qualifiés pour exprimer les vœux de l'agriculture, de l'industrie, du commerce, au sujet de l'enseignement primaire.

Pour faciliter l'enquête extra-universitaire, un questionnaire détaillé sera immédiatement envoyé en réponse à toute demande adressée au Cabinet du Ministre. Pour organiser l'enquête universitaire proprement dite dans l'enseignement primaire, primaire supérieur et dans les écoles normales, des instructions spéciales seront prochainement envoyées au personnel.

L'enseignement primaire n'a jamais été, en France, l'objet d'aucune enquête officielle comme par exemple celle à laquelle M. Alexandre Ribot présida en 1898 pour l'enseignement secondaire.

*_**

La réforme de l'enseignement secondaire

« L'enseignement secondaire a pour fin d'initier l'intelligence à des méthodes fécondes, plutôt que de l'encombrer de multiples connaissances. »

Le Ministre de l'Instruction publique et des Beaux-Arts, a adressé récemment aux recteurs la circulaire suivante au sujet des classes de direction d'études organisées par les nouveaux programmes :

« Il vient de m'être signalé que, dans certains lycées et collèges, les séances de direction d'études ont pris un caractère obligatoire qui est en contradiction formelle avec l'esprit comme la lettre de l'arrêté du 3 décembre 1923. D'autre part, ces heures facultatives seraient mises à profit par certains professeurs pour faire de véritables cours aux élèves, alors que le titre même de ces séances implique une tout autre conception.

« Je vous prie donc de donner immédiatement des ordres à MM. les proviseurs et principaux de votre ressort afin qu'ils redressent, au terme du trimestre en cours, les erreurs qui auraient pu être commises dans ce sens. Aucun élève ne peut être astreint à suivre les séances de direction d'études et son classement, pour le tableau d'honneur, le prix d'excellence, etc., ne saurait dépendre de sa participation à ce genre d'exercice.

« Ces instructions me permettent de vous rappeler du reste que les programmes promulgués le 3 décembre 1923 ne doivent jamais fournir le prétexte à un enseignement encyclopédique quelconque : ces programmes constituent un moyen propre à former de jeunes esprits ; ils sont, je crois, aussi solides et complets que possible ; mais c'est la tâche primordiale des maîtres de les rendre accessibles à des adolescents qu'il importe de ne point surmener. Cette tâche sera toujours rendue facile aux professeurs, dès lors que ceux-ci resteront convaincus que l'enseignement secondaire a pour fin d'initier l'intelligence à des méthodes fécondes plutôt que de l'encombrer de multiples connaissances.

« Vous voudrez bien inviter MM. les proviseurs et principaux à vous accuser réception de ces instructions et vous faire rendre compte des dispositions qu'ils auront prises dans leur établissement pour s'y conformer strictement. »

**

L'organisation d'un referendum

La direction de l'enseignement primaire à la préfecture de la Seine a décidé de faire procéder à un referendum, résultant d'une proposition de M. Fiquet, sur la question de savoir s'il y a lieu de modifier les heures de rentrée et de sortie pour les écoles primaires et maternelles de la ville de Paris et de porter de une heure et demie à deux heures le temps accordé aux enfants pour le déjeuner.

Tous les parents d'élèves seront invités à participer à cette consultation à laquelle prendra part également le personnel enseignant.

*
* *

Admission à l'examen
du certificat d'études primaires

Le ministre de l'instruction publique vient d'adresser aux préfets les instructions suivantes :

« Pour répondre aux demandes qui m'ont été adressées, j'ai l'honneur de vous faire connaître qu'il y a lieu, cette année encore, d'admettre à se présenter au certificat d'études primaires élémentaires les candidats qui atteindront l'âge de douze ans dans le cours de l'année 1924, c'est-à-dire de reporter au 31 décembre prochain la date à laquelle cet âge doit être atteint pour subir les épreuves de l'examen.

« Mais je tiens à bien préciser qu'il ne s'agit là que d'une mesure transitoire, et qu'à défaut d'un texte législatif modifiant la loi du 11 janvier 1910, il sera dans l'avenir exigé des candidats qu'ils aient atteint l'âge de douze ans révolus au 1er juillet de l'année de l'examen. »

*
* *

Le certificat d'études classiques

Le *Journal Officiel* a publié un arrêté du ministre de l'Instruction publique instituant un certificat d'études classiques.

Aux termes de cet arrêté, la possession de ce certificat est facultative pour les candidats au baccalauréat classique, obligatoire pour les candidats au baccalauréat moderne et au baccalauréat classique sans grec.

Cet examen aura lieu chaque année, il se passera normalement à la fin de la classe de 3°.

Toutefois, les élèves qui auront obtenu le brevet d'enseignement supérieur ou le brevet élémentaire avec la note 12 en français pourront être autorisé à le passer en même temps que le baccalauréat, avec dispense de la 2° langue vivante à ce dernier examen.

Le présent arrêté entrera en application à la fin de l'année scolaire 1926-1927.

L'examen relatif à la délivrance de ce certificat est prévu par le décret du 3 mai 1923.

*
* *

La réforme de l'enseignement secondaire
des jeunes filles

Le *Journal Officiel* a publié un décret relatif à la réforme du plan d'études de l'enseignement secondaire des jeunes filles. Ce plan d'études a pour effet de donner à l'enseignement secondaire féminin les avantages résultant pour l'enseignement masculin, du décret du 3 mai 1923, en y maintenant un cycle d'études ne comportant pas l'enseignement du latin ni du grec, et ne préparant pas au baccalauréat.

En même temps, paraissent cinq arrêtés, dont le premier fixe la répartition hebdomadaire des diverses matières d'enseignement dans les classes des établissements secondaires de jeunes filles. Un autre arrêté institue le certificat d'études classiques, prévu au décret du 3 mai 1923, qui sera subi à l'issue de la classe de troisième par tous les élèves des établissements publics et privés, et qui sera exigé au baccalauréat.

Un troisième arrêté organise dans certains établissements secondaires des cours spéciaux de latin dans les classes de cinquième et de quatrième, afin de permettre aux élèves venus d'établissements d'enseignement primaire, primaire supérieur ou technique de se mettre au niveau de leurs camarades qui auront commencé l'étude du latin dès la classe de sixième, ainsi que dans les classes de seconde et de première pour les élèves qui, venant de l'enseignement primaire supérieur, désireraient préparer le baccalauréat.

Un quatrième arrêté a pour but de rendre applicable au 1ᵉʳ octobre 1924, pour les élèves déjà en cours d'études, certaines parties des programmes de l'arrêté du 3 décembre 1923 (grec, latin, français, langues vivantes et instruction civique). Enfin, un dernier arrêté nomme les membres d'une commission chargée d'étudier la revision du régime disciplinaire des lycées et collèges de jeunes filles et de jeunes gens. Il a paru, en effet, nécessaire de compléter ses réformes pédagogiques par un statut nouveau du régime des punitions.

*
* *

L'inspection médicale des écoles

MM. Paul Strauss, ministre de l'hygiène et le ministre de l'instruction publique et des beaux-arts, avaient invité les préfets à organiser dans les communes de leurs départements l'inspection médicale des écoles. Ils les ont engagé à coordonner les initiatives déjà prises en ce sens en faisant appel au concours des conseils généraux et municipaux ainsi qu'à la collaboration des services départementaux d'hygiène et à celle des autorités académiques. Ils ont signalé la complexité et l'importance de la tâche qui incombera aux médecins inspecteurs et ils recommandent de leur adjoindre des assistantes, qui, grâce à leur présence constante auprès des élèves pourront les aider à dépister les maladies et à arrêter les contagions.

*
* *

Donations

Le proviseur du lycée Janson-de-Sailly a été autorisé à accepter une donation faite à cet établissement par M. Philippe Gautheron, à l'effet de fonder un prix annuel en mémoire de son fils, mort pour la France.

⁎⁎ Le proviseur du lycée de Mont-de-Marsan a été autorisé à accepter une donation faite à cet établissement par M. Francis Planté, à l'effet de fonder un prix annuel.

⁎⁎ Le proviseur du lycée de Nevers a été autorisé à accepter une donation faite à cet établissement par M., Mme et Mlle Ropiteau, à l'effet de fonder un prix annuel en mémoire de leur fils et frère, mort pour la France.

⁎⁎

Enseignement du français à l'étranger

Un poste de lecteur de français à l'Université de Sydney est offert à un licencié ès lettres ayant une bonne connaissance de la phonétique (française et anglaise), de la littérature française et des institutions de la France. L'engagement devrait être de trois ans, à partir du 1er mars 1925. Le traitement fixe est de 500 livres par an, le passage jusqu'à Sydney étant payé par l'Université.

Les demandes accompagnées de « testimonials », doivent être adressées avant le 31 juillet 1924, au directeur de l'Office national des Universités, 96, boulevard Raspail, Paris.

⁎⁎

EN PROVINCE

Institut d'études françaises de Touraine

A été inauguré à Tours, au n° 1, rue de la Grandière, par une charmante fête intime, l'hôtel municipal Torterne comme nouveau siège social de l'Institut d'études françaises de Touraine, prolongement de l'Université de Poitiers. M. Léon Pineau, recteur de l'Académie de Poitiers, présidait la fête, où la Faculté des lettres était représentée par M. le doyen honoraire Henri Carré et par M. Louis Arnould. assesseur du doyen correspondant de l'Institut. On entendit d'éloquents discours de M. le député Chautemps, maire de Tours, et de M. le recteur Pineau, puis les nombreux invités firent honneur au goûter servi avec toute l'élégance tourangelle, dans les salles somptueuses du vieil hôtel, où les étudiants étrangers trouveront le plus cordial et le plus utile accueil.

⁎⁎

L'enseignement du français en Lorraine recouvrée

D'intéressantes statistiques viennent d'être publiées en ce qui concerne l'enseignement du français dans les écoles primaires du département de la Moselle.

Si l'on considère, par exemple, l'arrondissement de Sarreguemines qui, seul de tout le département, ne compte pas une seule commune de langue française, on constate que les écoles des quatre cantons de l'arrondissement sont fréquentées assidûment par environ 9.000 élèves.

En 1923, le nombre des élèves reçus au certificat d'études a atteint 3.000, qui vivent dans un milieu de langue allemande. Ce qu'ils savent, ils l'ont appris uniquement à l'école, et depuis l'armistice.

Les commissions d'examen qui comprennent, outre les membres de l'enseignement, des notabilités du pays, ont constaté la pureté du style des compositions françaises. De même, les enfants sont capables de calculer en français et de résoudre des problèmes d'une difficulté équivalente à ceux qui sont traités dans les autres écoles françaises.

Ces résultats font le plus grand honneur au corps enseignant lorrain. Ils permettent de bien augurer des progrès de la langue et de la culture françaises en Lorraine recouvrée.

.*.

EN ALGÉRIE

Le Recrutement et les étudiants indigènes

L'article 23 de la loi du 1er avril 1923 sur le recrutement de l'armée permet aux étudiants de n'être incorporés qu'à l'âge de 25 ans, et ceux d'entre eux qui sont étudiants en médecine, pharmacie, art dentaire, ou élèves des écoles vétérinaires, ont leur sursis jusqu'à l'âge de 27 ans.

En outre, en vertu de l'article 37 de la même loi, les étudiants en médecine, pharmacie, ou en art dentaire, et les élèves des écoles vétérinaires sont incorporés dans les services de santé ou dans le service vétérinaire.

Les étudiants indigènes de l'Algérie, sujets français, astreints au service militaire obligatoire pendant 2 ans, demandent l'égalité de traitement, en vue de poursuivre leurs études dans les mêmes conditions que les étudiants français jouissant de la qualité de citoyen.

M. Lavenarde, secrétaire général du comité franco-musulman de l'Afrique du nord, vient de se faire l'interprète de leurs desiderata auprès du ministre de la guerre.

.*.

MADAGASCAR

L'enseignement secondaire

Un décret du ministre des colonies vient de décider la création à Tananarive d'un lycée de garçons et d'un lycée de jeunes filles.

.*.

A L'ÉTRANGER

ANGLETERRE

Le dictionnaire d'Oxford

Le dictionnaire d'Oxford qui aura, en Angleterre, la même autorité que pourrait avoir chez nous un dictionnaire complet de l'Académie, va être prochainement achevé ; seuls restent à faire les lettres W et U.

Cet ouvrage, dont le premier volume a été publié en 1884, contiendra 425.000 mots et aura coûté près de 1.250.000 livres sterling soit, au cours actuel du change, environ 127 millions de francs. C'est ce qu'on peut appeler un ouvrage de valeur.

***

Pour les bibliothèques et les laboratoires

Le nouveau budget que prépare le gouvernement de M. Macdonald comporte une augmentation de crédits de 74.000 livres sterling sur le chapitre des universités et collèges, 51.000 livres sur celui des recherches scientifiques et industrielles et de 10.000 livres, enfin, sur celui du British Museum.

Alors que nos pauvres laboratoires d'universités, nos bibliothèques grandes et petites voient diminuer leurs ressources dans la même proportion que le franc baisse, nous ne pouvons pas signaler, au Quartier Latin, cet effort du gouvernement anglais pour imprimer une impulsion nouvelle aux études supérieures, aux recherches scientifiques, aux travaux de bibliothèques.

C'est par ces éléments qu'on assure le rayonnement intellectuel d'un peuple, non par des tournées de conférences, de propagande. Il nous faut des laboratoires bien outillés, des salles de travail, des logements universitaires, pour nos étudiants et pour les étudiants étrangers que nous cherchons à former selon nos méthodes.

Si la situation du trésor français est trop obérée pour consacrer à l'expansion universitaire et scientifique des crédits d'Etat, que les particuliers comprennent le devoir qui leur incombe de tourner leur attention vers cette œuvre capitale. Ils le peuvent si aisément, puisque l'Etat dégrève des droits de succession les sommes léguées aux universités !

Que l'effort de l'Angleterre, frappée d'un chômage sans précédent, mais soucieuse cependant de la prospérité de ses universités, soit pour nous en France un exemple et un encouragement.

***

La maison de l'Institut de France à Londres

Le bruit a couru qu'en raison de la hausse considérable de la livre sterling, l'admirable fondation qu'est la maison de l'Institut de France à Londres réduirait prochainement ses services. Espérons que c'est un faux bruit.

★★

AMÉRIQUE

A l'Université d'Harvard

L'Université Harvard, aux Etats-Unis, vient de recevoir un million et quart de dollars de différents donateurs, à l'occasion du 90e anniversaire du Dr Charles Eliot, président de l'Université, dont on fête la retraite.

★★ Il paraît à Harvard (Massachussets), un périodique fort peu connu en France et qui pourtant mérite un peu plus de célébrité. D'abord, le directeur, M. George Sarton, tout professeur qu'il soit à l'Université de Harvard, est français. Ensuite, la revue dont il s'agit *Isis* (ne pas confondre avec *Le Voile d'Isis*, revue métapsychique parisienne) est rédigée en toutes les langues du monde. Chaque savant y parle de sa science en son idiome national. *Isis*, qui a de l'ambition, est une espèce d'encyclopédie du savoir humain.

★★

Les bourses d'études de Bryn Mawr

Un certain nombre de bourses d'études sont mises chaque année à la disposition d'étudiantes françaises par l'université américaine de Bryn Mawr College. Les candidatures doivent être posées dès maintenant.

★★

Création d'une université radiotéléphonique
aux Etats-Unis

Treize universités des Etats de l'Ouest se sont réunies pour financer une université radiotéléphonique, qui vient d'être fondée.

On estime que les cours de cette université seront suivis par des centaines de milliers de jeunes gens.

★★

SUISSE

Comité International universitaire pour la Géorgie

Il vient de se constituer à Genève un comité international pour la Géorgie qui se propose de prendre en main la cause de la défense des opprimés géorgiens et du droit du peuple géorgien à disposer de lui-même. Ce comité est présidé par M. Jean Martin, rédacteur au *Journal de Genève* et a deux vice-présidents, Mme Edgar Milhaud, l'économiste française, et Malché, professeur et directeur au département de l'instruction publique de Genève. Des universitaires, des littérateurs et des hommes politiques appartenant à diverses nations complètent ce comité.

*
* *

FINLANDE

' Les relations intellectuelles franco-finlandaises

A eu lieu, à Helsingfors, en présence de M. Enckell, ministre des affaires étrangères, et de M. de Coppet, ministre de France, la réunion constitutive de la Société finno-française qui, pour propager en Finlande la connaissance de la langue et de la civilisation françaises, compte organiser des soirées de lecture, de conversation et de conférences, entretenir une bibliothèque de prêt et établir un institut d'enseignement pratique avec des professeurs français.

*
* *

POLOGNE

Un don polonais à Mme Curie

Un comité du don national s'est formé en faveur de Mme Curie. Tous les ministres ont adhéré à ce comité, ainsi que le clergé de toutes les concessions, le cardinal Kakowski en tête, les présidents de la Chambre et du Sénat, le ministre de France, M. de Panafieu.

*
* *

HOLLANDE

Hommages des Universitaires hollandais à un Universitaire français

Les amis, nombreux en Hollande, de M. S. Rocheblave, professeur à l'Université de Strasbourg, ont ouvert une souscription pour lui offrir un témoignage de leur admiration, à l'occasion de son soixantième anniversaire.

*
* *

RUSSIE

Désireux de tenir nos lecteurs au courant du mouvement universitaire en Russie, nous avions demandé, à un ancien Professeur de l'Université de Pétrograd, dont on comprendra que nous taisons le nom, de nous donner quelques renseignements.

Nous publions ci-dessous une partie de sa réponse, qui nous enlève, hélas ! l'espoir de savoir ce qui se passe en Soviétie :

Monsieur le Directeur,

Je suis très honoré de votre aimable proposition et serais très heureux d'être parmi vos collaborateurs, mais, à mon grand regret, il m'est impossible en ce moment d'écrire des articles sur la vie universitaire en Russie soviétique. J'ai dû cesser mes cours en 1918 et dès cette date mes renseignements sur la vie universitaire en Russie sont incomplets et très vagues. Je sais seulement que beaucoup de professeurs d'Université ont démissionné ou sont expulsés, que la plupart de leurs successeurs manquent de culture scientifique, que le nombre d'étudiants a diminué, etc.

Si je reçois quelques renseignements précis, je croirai de mon devoir de vous écrire, mais les relations postales avec la Russie soviétique ne sont pas libres et mes correspondants, c'est-à-dire mes anciens collègues, évitent de donner des informations sur l'enseignement supérieur, craignant d'être inculpés d'espionnage. Des faits de ce genre se sont déjà produits et le prince Oukhtomsky, par exemple, a été fusillé, parce qu'il avait donné quelques renseignements sur le musée d'Alexandre III.

⁎⁎

TURQUIE

Angora ferme les « médressés »

Une dépêche urgente d'Angora prescrit la fermeture de tous les « médressés » (séminaires) de Stamboul. Leurs élèves et leurs professeurs seront versés dans l'enseignement officiel. Les mesures de laïcisation se poursuivent activement.

⁎⁎

L'Université laïque

Les professeurs (hodjas) religieux d'un « médressé » de Stamboul (séminaire) ayant pris des sanctions contre des séminaristes qui se sont fait photographier (la reproduction de l'image humaine étant considérée par le Coran comme immorale), le ministère de l'instruction publique a ordonné une enquête et, en cas de confirmation, il destituera les professeurs incriminés, comme réactionnaires avérés.

⁎⁎

Les Ecoles étrangères

Par décision du commissariat de l'instruction publique d'Angora, les écoles étrangères de Constantinople seront, pour la dernière fois, impérativement invitées à modifier leur enseignement pour le mettre en harmonie avec les principes d'une République laïque et sociale. Faute de se conformer à ces ordres, les écoles étrangères seront définitivement supprimées.

Nous n'avons ni à approuver, ni à blâmer, le Gouvernement Turc, lorsqu'il prend une mesure d'ordre intérieur, mais il ne faudrait pas qu'à la faveur d'une question apparemment religieuse, les autorités turques évincent le traité de Lausanne et les engagements pris envers la France, tout particulièrement. Et c'est pourtant ce qui se produit sans que le Gouvernement Français ne s'en aperçoive ou ne proteste.

Déjà, quelques dépêches datant de plusieurs semaines, avaient signalé le licenciement des Professeurs français. Un représentant turc à Paris, avait fait démentir les informations, mais avec des phrases aussi malignes, que peuvent l'être, celles d'un démenti oriental.

Or, d'après des *informations sûres*, qui nous parviennent de correspondants particuliers, nous sommes en mesure d'affirmer, que des professeurs français, ont bien été licenciés et que d'autres ont été placés, dans une situation tellement inférieure ou délicate, que leur démission est, pour ainsi dire imposée.

Tous ces professeurs français de français, ont été remplacés par des *professeurs suisses* de français. Encore une fois, nous garantissons cette information et demandons au gouvernement, s'il veut continuer à se laisser berner, par nos amis (?) les Turcs.

Que la Turquie fasse ce qu'elle veut chez elle, c'est entendu. Mais elle ne devrait pas oublier — nous non plus — qu'elle a été l'alliée de l'Allemagne et vaincue comme elle et que l'art. 17 du Traité de Lausanne lui a imposé des obligations qu'elle élude à notre détriment.

*
* *

EGYPTE

Le Califat et l'Université

L'Université d'El Alzar, qui est la plus importante et la plus agissante d'Egypte, a protesté contre la déportation du Calife de Turquie, et émis le vœu que le roi Fuad, ne s'empare pas d'une dignité spirituelle, à laquelle il n'a aucun droit.

*
* *

BELGIQUE

Projet de loi sur l'enseignement supérieur

M. Nolf, ministre des Sciences et des Arts, a déposé le 26 février, sur le bureau du Sénat, un projet de loi modifiant la loi de 1890, actuellement en vigueur, sur la collation des grades académiques. Le projet concerne le programme de toutes les Facultés. S'inspirant des propositions du Conseil de perfectionnement de l'enseignement supérieur, des délibérations de la classe des Sciences de l'Académie de Belgique, etc., il s'attache à renforcer le caractère scientifique des études dans les doctorats et à résoudre le problème de la préparation professionnelle des futurs maîtres de l'enseignement moyen, par les Universités. Il prévoit aussi la création d'un doctorat en géographie, dépendant de la Faculté des Sciences. Actuellement, les chaires de géographie dans les Athénées sont confiées à des docteurs en histoire et géographie, formés par les Facultés de philosophie et lettres.

Voici quelques précisions sur l'organisation projetée pour les doctorats en philosophie et lettres et en sciences. Ils fournissent aujourd'hui le personnel enseignant des établissements d'enseignement moyen, après une préparation scientifique très « poussée », mais après une préparation pédagogique rudimentaire (à moins que les Universités, comme à Bruxelles et à Louvain, n'aient remédié aux lacunes de la loi de 1890).

D'après le projet, les jeunes gens porteurs du diplôme de candidat, soit qu'ils se destinent à la vie scientifique et à l'enseignement supérieur, soit qu'ils se destinent au professorat de l'enseignement moyen, suivraient ensemble, pendant deux années, les cours des doctorats en philosophie et lettres ou en sciences. De ces cours, plusieurs seraient « à option », choisis par l'étudiant sur une liste dressée par la loi. Au bout de la deuxième année se produirait une bifurcation. Les étudiants « scientifiques » consacreraient la troisième année de leur séjour à l'Université à la préparation d'une thèse très sérieuse dont la défense constituerait l'épreuve pour l'acquisition du grade de *docteur*. Quant aux aspirants au professorat dans les athénées et dans les collèges, leur troisième année d'études serait partagée entre la fréquentation de cours et d'exercices de pédagogie (pédagogie, histoire de la pédagogie, méthodologie générale et spéciale, organisation de l'enseignement moyen) et un stage de six mois dans un établissement d'enseignement moyen du degré supérieur. Au bout de cette année, un examen final subi avec succès leur conférerait le titre d'*agrégé de l'enseignement moyen du degré supérieur*.

Cette distinction nettement établie entre les deux catégories d'études et d'étudiants du doctorat est des plus heureuses, comme aussi l'introduction du système des cours à option destiné à donner au programme plus de souplesse, à l'étudiant plus de liberté dans ses travaux. On pourrait objecter que la section « scientifique » des doctorats risque d'être désertée, tous les élèves actuels — ou peu s'en faut — de doctorat se destinant au professorat de l'enseignement moyen. Mais le projet suggère des remèdes ; si cette situation se présentait, les places de professeurs des classes supérieures des athénées pourraient être réservées, avec des avantages, aux agrégés de l'enseignement moyen qui auraient subi l'épreuve de doctorat, avec la thèse.

*_**

TCHÉCO-SLOVAQUIE

C'est devant une salle archi-comble, contenant toutes les notabilités intellectuelles et universitaires de la capitale, que M. le Professeur Desprez, de l'Université de Kennes, a fait sa conférence, le 1er avril, sur les *Primitifs Français*.

⁎⁎

Deux organes universitaires, se disputent en Tchéco-Slovaquie, l'honneur de défendre les intérêts de leur jeune université. Le premier est le *Bulletin des Professeurs Tchéco-Slovaque*, l'autre l'*Enseignement Secondaire*.

⁎⁎

RÉPUBLIQUE ARGENTINE

Un Congrès d'Histoire et de Géographie
de l'Amérique à Buenos-Aires

L'*Académie Américaine d'Histoire*, dont le siège est à Buenos-Aires, et dont l'objet est l'étude de tout ce qui touche à l'histoire et à la géographie de l'Amérique, se propose d'organiser à Buenos-Aires, pour octobre prochain, un Congrès destiné à apporter dans ces domaines, des lueurs nouvelles.

Elle a adressé aux groupements et sociétés d'histoire et de géographie du monde entier des invitations. Jusqu'ici ont répondu neuf gouvernements américains, quatorze universités, trente-six sociétés d'histoire et de géographie.

Le gouvernement argentin patronnera le Congrès, dont l'importance patriotique sera très grande.

En outre, l'Union Panaméricaine et les Chambres de commerce étrangères prêteront leur concours. Une exposition de matériel scolaire aura lieu, à laquelle ont déjà promis de participer, outre divers Etats de l'Union et les musées de l'Ohio, de Chicago et de Philadelphie, des industriels de France, d'Espagne, d'Italie, des Etats-Unis, d'Angleterre et de Belgique.

De ces simples faits, on peut déduire l'importance que revêtira le Congrès d'histoire et de géographie de l'Amérique.

⁎⁎

L'Hygiène scolaire

Par un décret en date du 5 février, a été définitivement constitué le Conseil honoraire du Comité en faveur de l'Enfance, créé par le président du Conseil national d'hygiène et qui comprend notamment les personnalités suivantes : le directeur de l'Assistance publique de la capitale, la présidente de la Société de bienfaisance de la capitale, le président du Patronage de l'Enfance, le président du Conseil tutélaire des mineurs, le directeur du corps médical scolaire de la capitale, le chef de la section scolaire du Département national d'hygiène, etc.

Le nouveau conseil aura spécialement à étudier tout ce qui a trait à la mortalité de l'enfance, à la protection de la mère, à l'hygiène scolaire, à l'habitation, au travail de l'enfant, en un mot à tout ce qui peut contribuer à assurer la santé et la vigueur de l'enfant.

Il présentera les projets de tous les organes démographiques de protection et d'assistance qu'il jugera nécessaires et il s'efforcera de coordonner les efforts des diverses institutions du pays qui ont le même objet afin d'éviter la dispersion des efforts et des ressources et de préparer l'établissement d'une direction unique.

*
**

Bibliothèque du Conseil National des Femmes

Cette institution de culture féminine vient de transférer son siège social dans la propriété qu'elle a acquise récemment aux enchères publiques pour la somme de 355.000 piastres, rue Charcas 1155 et qui appartenait à la succession de Manuel Guerrico.

Sur l'invitation de la bibliothèque, le Conseil national des femmes argentin, ainsi que ses diverses filiales : Aide Sociale, Ligue de Tempérance, Presse et Propagande, et Bureau d'Information, établiront en ce local leur siège social.

Dans sa nouvelle installation, la Bibliothèque du Conseil national des femmes a ouvert des cours d'enseignement qui ont commencé, conformément au règlement interne, le 15 mars dernier.

*
**

ESPAGNE

Il y a un mois, le général Primo de Rivera a ordonné la fermeture de l'Athénée de Madrid — sorte d'université libre, où prenaient la parole des orateurs aux doctrines les plus diverses. Nous venons de recevoir, à cette occasion, du Comité directeur de l'Athénée, la protestation suivante :

L'Athénée de Madrid n'a jamais profité d'un régime privilégié d'immunité.

Les nombreux orateurs qui ont exprimé leurs idées de cette haute tribune, ont toujours accepté les responsabilités qui découlent de la libre expression de la pensée.

Ce que l'Athénée voulait, avant tout, c'est que toutes les opinions pussent être exprimées librement

Le pouvoir public a jugé qu'une telle liberté doit cesser. L'Athénée, dont les seules armes sont celles de l'intelligence, ne peut résister. Mais le comité directeur proteste de toute son énergie contre la privation d'un droit respecté jusque-là par tous les gouvernements. Ce comité doit protester aussi contre la déportation, sans jugement, d'une haute personnalité espagnole, D. Miguel de Unamuno qui a toujours rempli scrupuleusement ses devoirs de professeur.

LE PRINCIPE DE LA LAICITÉ

UN MANIFESTE DU GROUPE D'ÉDUCATION

Le groupe d'éducation nationale de la Chambre des députés, comptant près de deux cents membres et que préside M. Ferdinand Buisson vient d'adopter un ordre du jour sur le principe de la laïcité dont voici les principaux passages :

« Le groupe d'éducation nationale au moment où s'achève la douzième législature croit devoir affirmer de nouveau les principes sur lesquels il s'est constitué :

« Il considère la législation scolaire qui nous régit comme faisant partie désormais du patrimoine inaliénable de la France républicaine.

« Il estime que fonder une école publique indépendante de toutes les églises ce n'est ni une œuvre de parti ni une atteinte à la liberté, c'est au contraire le seul moyen d'assurer effectivement l'inviolabilité de toutes les consciences, celle des enfants, celle des parents, celle des maîtres. C'est en même temps une leçon de respect mutuel donnée dès le premier âge à tous les enfants de la France.

« Il pense que l'heure est venue de garantir l'accès des études supérieures non pas aux plus riches mais aux plus aptes ; ainsi le veut non seulement le droit de l'enfant mais l'intérêt de la nation.

« Enfin le groupe constate que le gouvernement s'est prononcé contre l'idée de mettre sur le même pied l'école publique et l'école privée en leur attribuant automatiquement les mêmes subventions de l'Etat, ce qui équivaudrait à l'abandon par l'Etat de toutes les traditions républicaines libérales. »

LE MOUVEMENT FREUDISTE

Le Freudisme, ou Psychanalyse, qui a conquis dans ces derniers temps une si bruyante notoriété, est un vaste système médico-psychologique, édifié par le Professeur Sigmund Freud, de Vienne, et qui contient en réalité une psychologie, une philosophie, une pathogénie des névroses et des psychoses et une thérapeutique de ces affections.

*
* *

Freud pose d'abord en principe que toutes les réactions humaines sont déterminées par l'Inconscient. C'est dans cette région obscure de la mentalité, où jamais ne pénètre cette lumière intérieure qu'on appelle la Conscience, que résident tous les besoins, tous les appétits, toutes les inclinations, toutes les tendances qui inspirent et dirigent notre conduite, sans que nous nous en rendions compte. Mais, alors que la psychologie classique attribuait à ces forces inconscientes deux sources distinctes, l'instinct de conservation et l'instinct de reproduction, le professeur de Vienne estime que, l'instinct de conservation s'étant atrophié sous l'influence de la civilisation, il ne reste plus aujourd'hui que l'instinct de reproduction pour constituer ces systèmes de l'inconscient qu'il appelle des « Complexes ». La poussée sexuelle, qu'il nomme « Libido », serait donc à l'heure actuelle la source exclusive de toute activité humaine. De là, le nom de « Pansexualisme » donné à la doctrine de Freud.

Aussi précoces que puissantes seraient les exigences de la sexualité. Elles débuteraient, selon Freud, avec la vie même de l'individu Déjà le nourrisson est un petit être profondément érotique, qui poursuit des satisfactions sexuelles, non seulement par les attouchements de ses organes génitaux, mais encore par le chatouillement d'autres parties du corps, qui deviennent ainsi des zones érogènes, par des frottements, par des excitations variées, en particulier par la succion du pouce ou de quelque autre objet. En même temps, les efflorescences psychiques de la sexualité infantile ne seraient pas moins intenses que la recherche de la volupté physique. L'enfant est un amoureux passionné dans le petit cerveau duquel se jouent des drames formidables. La petite fille est amoureuse de son père, comme le petit garçon est amoureux de sa mère : et ce dernier se procure de délicieuses jouissances par la succion du sein maternel. Et cette attraction s'accompagne fréquemment d'une jalousie féroce envers l'autre parent, qui est le concurrent et le rival, réalisant ainsi, du nom de la fable antique de l'inceste filial, ce que les psychanalystes nomment le « Complexe d'Œdipe ».

De même, l'enfant est porté vers toutes les perversions sexuelles. Les uns se complaisent à dominer, à maltraiter un autre enfant ou un animal, point de départ du sadisme de l'adulte ; les autres désirent être dominés, être maltraités eux-mêmes, point de départ du masochisme futur. La plupart sont des exhibitionnistes et des voyeurs instinctifs. Ils découvrent leurs organes génitaux et les étalent sous les yeux des grandes personnes. Ils cherchent également à contempler la nudité des autres, à assister à l'accomplissement de leurs besoins naturels, à voir les accouplements des animaux, à surprendre des conversations obscènes : mais par dessus tout, ils éprouvent une satisfaction sexuelle violente lorsqu'ils sont le témoin du coït de leurs parents.

En somme, l'enfant ne serait qu'un petit être érotique, cruel, immoral, incestueux, possédé par tous les vices, bref, comme l'appelle Freud, un « pervers polymorphe ».

Mais cette sexualité primitive qui se donne libre cours chez l'enfant, n'est pas compatible avec la vie sociale. C'est le rôle de l'éducation, de la moralité, des sentiments de pudeur, de honte, etc., qu'on enseigne plus tard à l'enfant, de réfréner, d'endiguer ces tendances sexuelles intensives et perverses, en constituant cette force inhibitrice que Freud appelle la « Censure ». Grâce à elle, l'instinct sexuel est repoussé dans l'inconscient par le mécanisme du « Refoulement ».

Toutefois, quoique refoulée, la poussée sexuelle, la Libido, n'en subsiste pas moins dans la mentalité de l'adulte, continue à vivre dans son inconscient d'une existence obscure et souterraine, intervient dans la coloration de ses pensées et dans la détermination de ses actes.

Et alors, deux cas peuvent se présenter : Ou bien, la sexualité de l'individu est normale, et elle se transformera par « sublimation » en une activité sociale utile, soit sur le terrain des réalités de l'homme pratique, soit dans le domaine abstrait de la science, de la littérature, des arts, de la philosophie.

Ou bien la sexualité est anormale et elle donnera naissance à des psychonévroses.

Car les psychonévroses, d'après Freud, ne seraient autres que des conflits entre des perversions sexuelles infantiles refoulées dans l'inconscient par la Censure et la personnalité même de l'individu. Chez l'hystérique, la Libido refoulée se transforme en symptômes somatiques et en réflexes anormaux ; chez l'obsédé, elle se fixe sur les événements de la vie psychique.

De là, le mode de traitement de ces affections. Si le mal est dû à des complexes refoulés, la seule conduite à tenir sera de libérer ces complexes pénibles, de les faire jaillir à la lumière de la conscience, d'en affranchir le patient. On y parviendra par les trois procédés de la psychanalyse : interprétation des rêves, méthode des associations, observation des menus faits de la vie courante.

En effet, si les profondeurs de l'Inconscient sont et demeureront toujours ignorées, certains de ses éléments superficiels sont susceptibles de pénétrer dans la conscience et de nous être connus à la faveur des états psychologiques où le contrôle s'abolit, où se relâche la Censure, où s'exerce la seule activité automatique de l'esprit, et qui sont les états de rêve, les associations, les distractions et les erreurs de la conduite courante.

Le rêve, d'après Freud, contrairement à l'opinion classique qui n'y voit qu'un travail mental désordonné, posséderait une signification précise : il serait une réalisation imaginative de désirs inconscients. Mais pour en comprendre la signification, il faut savoir l'interpréter. Car les tendances inconscientes ne s'y expriment pas sous la forme verbale, logique, habituelle : elles se traduisent sous la forme de symboles, qui selon la doctrine du Pansexualisme, seront naturellement de signification érotique. De là, une véritable clé des songes psychanalytiques : tout objet allongé, tiges, cannes, parapluies, troncs d'arbres, serpents, cravates, etc., signifie l'organe mâle, de même que tout objet creux, coffret, cuvette, boîte, armoire, chambre, maison, etc., signifie l'organe féminin. Le rêve de vol, d'escalier, correspond au coït, le rêve de dents à l'onanisme, le rêve de mort à l'inceste désiré, etc., etc.

De même, d'après les associations d'idées, en se basant sur le concomitant émotionnel qui accompagne certaines idées surgies spontanément, d'après les distractions, les oublis, les maladresses de la conduite courante, il est possible pour le psychanalyste de deviner le complexe refoulé qui est la cause du trouble nerveux. Et ce complexe étant mis à jour, le malade affranchi, libéré, sera guéri.

Telles sont, brièvement esquissées, les grandes lignes du système freudien. Bien que je n'aie pas ici à en faire la critique, il ne m'est pas possible cependant de laisser passer cet exposé sans protester, au nom de la psychologie et de la médecine nerveuse, contre l'énorme part d'exagérations et d'erreurs qu'il contient.

S'il est vrai, et si tous les psychologues pensent aujourd'hui que l'Inconscient est la source obscure et profonde des réactions humaines, il nous apparaît par contre comme singulièrement erroné de n'y admettre que des tendances sexuelles. Tout en reconnaissant le rôle incontestable que joue la sexualité dans l'activité des hommes, il n'en est pas moins vrai, qu'à côté d'elle, les tendances issues de l'instinct de conservation, du sentiment égotiste, y interviennent également pour une large part, que je considère personnellement comme prépondérante. Il serait tout à fait contraire à l'évidence des faits psychologiques, individuels ou sociaux, de réduire l'homme à un simple animal sexuel. La doctrine du Pansexualisme repose donc sur une outrance injustifiée.

En ce qui concerne l'étiologie des Psychonévroses, je puis assurer, en me basant sur une expérience longue de 25 années dont on trouvera les résultats dans mes publications, que dans l'immense majorité des cas, la sexualité n'a rien à faire à l'origine de ces affections. Lorsque celles-ci ne sont pas dues à des causes purement physiques, infections, intoxications, surmenage, déséquilibres endocriniens, etc., leurs causes morales ne sont autres que tous les sentiments pénibles, les conflits intérieurs qui surviennent dans la vie de chaque jour : chagrins, soucis, inquiétudes, désillusions, regrets, ambitions déçues, espérances trompées, toute la gamme des secousses affectives troublant normalement le cœur humain. Et quand la sexualité intervient dans cette pathogénie des névroses, c'est encore sous la forme d' « inassouvissement affectif » (HESNARD), chez les adolescents, chez les veuves, chez les amoureux qui ne rencontrent pas auprès du partenaire l'équivalent de leurs aspirations. Quant aux perversions sexuelles de l'enfance refoulées, elles me paraissent être de simples vues de l'esprit des psychanalystes, de purs artifices de préparation psychologique.

D'autre part, comment pourrions-nous accepter tout ce qu'il y a de fantaisiste, d'arbitraire, dans l'interprétation des rêves, dans la méthode des associations et l'étude des faits de la vie courante, où l'autosuggestion du malade qui sait d'avance qu'on cherche un souvenir sexuel et l'autosuggestion du médecin condamné par la doctrine à le découvrir, s'associent et se renforcent pour aboutir toujours en fin de compte à la trouvaille du complexe poursuivi.

Et enfin, en ce qui concerne la thérapeutique, sans insister sur les graves dangers que comporte pour une jeune femme ou une jeune fille, la recherche de perversions sexuelles hypothétiques ensevelies dans leur inconscient, on peut reprocher aux Freudistes de n'avoir guère publié de cas probants et de s'être mépris sur le mécanisme même des quelques résultats obtenus, en les attribuant à la psychanalyse, alors qu'en réalité ils n'étaient le produit que de la simple influence morale, de la confiance dans une méthode neuve et impressionnante, du désir de la guérison, de la foi curative, facteurs habituels de toute psychothérapie.

⁂

Or, malgré ces erreurs, ces exagérations, ces invraisemblances, le Freudisme s'est répandu dans le monde avec une force d'expansion surprenante, a conquis dans certains milieux un succès extraordinaire. A la suite des travaux originaux du Professeur de Vienne, s'est groupée autour de lui toute une phalange de disciples admirateurs et enthousiastes, constituant une Ecole, riche de vitalité débordante. A chacune de ses publications nouvelles, à chacune des étapes parcourues par sa pensée, de nouveaux adeptes, séduits par les charmes du Pansexualisme, venaient à lui. Peu à peu, les journaux médicaux se remplissaient du nom de Freud. Des revues spéciales se fondaient, rédigées en allemand et en anglais, pour étudier exclusivement la psychanalyse. Un immense mouvement médical et philosophique se créait autour du Freudisme, s'étendant non seulement en Autriche, son berceau originel, mais gagnant l'Allemagne, la Suisse, les Etats-Unis, la Hollande, l'Angleterre, les pays scandinaves. Et parmi les fervents de la doctrine, on compte non seulement des médecins, mais des psychologues, des philosophes, des pédagogues, des juristes, des littérateurs, des théologiens, voire même des prêtres, sans parler de la masse des gens du monde.

C'est incontestablement en France que le Freudisme a rencontré le plus de résistance à sa pénétration. Dans le domaine médical, si quelques écrivains ont exposé avec sympathie les idées de Freud, si quelques autres ont proclamé l'exactitude de certaines d'entre elles, on peut affirmer qu'aucun de nos confrères n'a accepté sans réserves les principes et les applications de la psychanalyse. Bien plus, à côté de cette minorité indulgente ou favorable, l'immense majorité des psychiâtres et des neurologistes français, seuls compétents pour apprécier à leur juste valeur une doctrine médicale et ses applications, a pris nettement position contre l'école autrichienne, dont elle a jugé avec sévérité les défectuosités et les inconvénients.

Quant au grand public, il est loin de s'être donné au Freudisme avec le même élan et la même conviction que celui d'autres pays. Sans doute, le nom de Freud est connu, mais on sait peu de chose de ses doctrines, sauf qu'elles sont sexuelles ; sans doute, quelque journaliste en parle de temps en temps dans un article pour montrer qu'il est au courant des nouveautés à la mode ; sans doute, quelques cénacles littéraires s'amusent aux fantaisies du Pansexualisme ; mais au fond cet intérêt n'est fait que de curiosité et de snobisme et n'a rien d'égal à la ferveur, à la confiance, à la passion même, avec lesquelles d'autres publics l'ont accueilli.

Bref, au milieu de l'immense vague qui a submergé une partie du monde, notre pays, sur la carte géographique du Freudisme, apparaît comme un îlot solitaire qui a résisté jusqu'à ce jour à l'envahissement.

Et si l'on examine attentivement ce mouvement médico-social, lorsqu'on détermine les conditions dans lesquelles il s'est propagé, on s'aperçoit qu'il présente tous les caractères d'un mouvement mystique et religieux. En réalité, le Freudisme est beaucoup moins une école médicale qu'une secte mystique. Et de cette qualité mystique il est aisé de saisir des preuves.

Nous trouvons d'abord le caractère fondamental qui fait la base de toute croyance, l'acte de foi se substituant à l'acte de raison. On est Freudiste, non pas parce que les principes de la psychanalyse ont été démontrés par des preuves irréfutables, mais parce qu'on y croit. C'est en vertu d'un Credo intérieur, et non par la force d'une observation objective, d'une expérimentation rigoureuse, d'une stastistique indiscutable, que les adeptes de Freud acceptent les postulats du Pansexualisme et de l'érotisme infantile, la réalité du refoulement et de la censure, le symbolisme des rêves, l'étiologie sexuelle des névroses et leur guérison par la Psychanalyse. Le Maître l'a dit et cela doit être ainsi : Le dogme remplace la vérité.

De là aussi, l'impossibilité de discuter scientifiquement avec un Freudiste. Si je dis à mon contradicteur que les soi-disant perversions sexuelles de l'enfant me paraissent excessives, il me répond que je n'ai pas su les voir. Si je lui déclare que, d'après mon expérience, l'étiologie sexuelle des névroses me paraît exagérée, il me répond que je n'ai pas su la découvrir. Si je lui affirme que la thérapeutique par la psychanalyse ne m'a pas donné de résultats, il me répond que je n'ai pas su la faire. Bref, il semble qu'on doive être pourvu de qualités exceptionnelles, comme d'une sorte de grâce, pour comprendre et pratiquer les enseignements du Freudisme. Et même, allant au bout de sa pensée un peu méprisante pour le profane que je suis, mon contradicteur me démontrera pourquoi je n'ai pas su voir les vérités qu'il possède, et pour quelles raisons, sexuelles naturellement, je suis adversaire du Freudisme.

De là encore l'ardeur de propagande, le zèle de prosélytisme des Freudistes. Non contents d'avoir gagné à leur cause un nombre respectable de médecins, ce qui était déjà une magnifique victoire, ils ont souhaité davantage encore, ils ont voulu convertir le grand public, conquérir le monde. Dans ce but, leur active campagne dans les milieux philosophiques et littéraires, leurs articles dans les grands journaux, leurs conférences devant des auditoires profanes. Maintes fois, le professeur Freud lui-même s'est adressé personnellement à une assistance des deux sexes. Comme notre pharmacien Coué, il a fait sa tournée triomphale en Amérique !

De là enfin, la tendance aux idées de persécution qui sont le corollaire presque fatal des idées de grandeur, les velléités de revendications violentes qui hantent l'âme de certains Freudistes. Ses apôtres enthousiastes représentent volontiers Freud comme un génie méconnu et injustement critiqué, victime de l'envie de ses collègues et de ses concurrents. Volontiers ils se posent eux-mêmes comme des artistes incompris dont la foule stupide ne soupçonne pas la valeur. Et volontiers aussi certains adeptes particulièrement zélés feraient usage de moyens énergiques pour stimuler les croyances hésitantes, pour faire avouer aux hérétiques qui se refusent à la foi, que le Sexe est Dieu et que Freud est son prophète !

*
* *

Cherchons maintenant quelles sont les causes de ce succès exceptionnel du mouvement freudiste.

Ce n'est certainement pas la théorie psychologique de l'Inconscient, car cette théorie, émise bien avant Freud, n'avait jamais réussi à enthousiasmer les foules.

Ce n'est pas davantage la théorie du refoulement et de la censure, car ces hypothèses subjectives laissent le public bien indifférent.

Seraient-ce ses études sur le rêve ? Mais bien avant lui, quantité d'auteurs ont travaillé sur cette question, sans que leurs publications aient franchi le cercle restreint des psychologues et des philosophes.

Et en procédant ainsi par élimination, nous sommes bien obligés de conclure que c'est le Pansexualisme, le Pansexualisme seul, par son caractère érotique et tous les commentaires obscènes dont il s'entoure, qui est l'agent unique et souverain du succès remporté par le système freudien. C'est l'exaltation formidable de la sexualité, le souffle de luxure dont ils brûlent, le réalisme de leurs évocations, l'étalage de toutes les perversités, qui ont favorisé la vente des ouvrages de Freud. Tous ceux que hantent le désir, tous ceux que tourmentent des passions inassouvies, tous ceux que stimule une curiosité malsaine, tous ceux qui rêvent de voluptés monstrueuses, tous ceux en un mot qui sous des aspects différents sont possédés par l'obsession du sexe, sont allés vers ces livres avec avidité, comme vers le Verbe impur et sacré. Et nous en arrivons alors à nous demander si la réussite des œuvres de Freud, loin de provenir d'une analyse exacte des perversions habituelles qui seraient en chacun de nous, ne tient pas tout simplement à la mentalité même de ceux qui les goûtent, à leur satisfaction de se retrouver dans ces pages comme dans un miroir, et si les seuls et vrais pervers ne sont pas les Freudistes eux-mêmes ?

Mais il faut nous demander encore pourquoi certains pays se sont ralliés si aisément au Freudisme alors que les pays latins, et la France notamment, lui sont demeurés réfractaires ? On peut invoquer, me semble-t-il, des facteurs d'intérêt, de race, de mœurs, de religion.

Si les Freudistes ont souvent raison de dire « cherchez la femme », il ne faut pas oublier cependant, surtout dans les temps difficiles que nous traversons, de chercher l'argent. Pour quantité de médecins qui se sont adonnés à la pratique de la psychanalyse, il est probable que la préoccupation du profit ne fut pas étrangère. Dans les pays où le grand public avait versé dans le Freudisme, il était tout naturel que surgissent des thérapeutes tout prêts à offrir aux patients la méthode de soins qu'ils réclamaient. La demande créait l'offre. Et l'aubaine était d'autant plus intéressante qu'une cure psychanalytique peut se prolonger durant des mois et des années !

J'ajoute que la crise des changes est venue encore, après la guerre, renforcer ces motifs. C'est précisément aux Etats-Unis, en Angleterre, pays à change élevé, que la psychanalyse a remporté le plus de succès parmi les masses. De là, l'avantage d'attirer vers les sanctuaires du Pansexualisme, Américains et Britanniques, chargés de livres et de dollars.

Les caractères ethniques paraissent jouer également un rôle dans la distribution géographique du Freudisme. N'oublions pas que l'Allemagne est la terre classique des grands systèmes métaphysiques, des vastes constructions d'idées, que l'Amérique et l'Angleterre sont des milieux d'élection pour les sectes mystiques et les épidémies médico-religieuses, comme l'armée du Salut, la Christian Science, le Faith-healing, dont la puérilité contraste si étrangement avec le positivisme réaliste et pratique de ces peuples de gens d'affaires.

Les mœurs et les coutumes mêmes de ces pays interviennent également. On sait quelle pudeur excessive règne dans les pays anglo-saxons touchant l'accomplissement des fonctions naturelles et en particulier celle de la sexualité. Une anglaise dira toujours estomac au lieu de ventre, jambe au lieu de cuisse, comme si elle craignait d'attirer l'attention de ses interlocuteurs trop près de ses organes génitaux. L'amour doit être caché comme s'il était une faute. En Suède, il est interdit aux jeunes gens d'afficher une maîtresse et celui qui enfreint cette règle de bienséance n'est plus reçu dans la société des jeunes filles ! Et de cette hypocrisie sociale naît une singulière attitude mentale des individus envers les fonctions de reproduction : toutes les manifestations amoureuses sont réfrénées et dissimulées : mais faute de s'extérioriser, elles gagnent en tension intérieure, tourmentent dès lors la pensée et se transforment, par compensation, en hantises sexuelles.

Enfin, l'influence de la religion vient se joindre encore à ces facteurs. On a dit très justement que, chez le catholique, les questions sexuelles avaient moins de chance de déterminer des névroses, parce que le catholique trouve dans ses commandements des règles pratiques de morale et qu'il lui est toujours possible, en cas de doute, de faire appel à la confession, qui, par le soulagement de l'aveu, serait ainsi une sorte d'exutoire pour les préoccupations éthiques. Or, chez le protestant, rien de semblable. Il ne possède, pour se diriger, ni code détaillé de morale, ni confession. Il se trouve abandonné, sans guide et sans détente, face à face avec sa conscience qui reste le souverain juge de sa conduite. De là, pour les natures inquiètes, une situation singulièrement embarrassante et pénible, qui devient aisément la source de méditations interminales et de scrupules sur la sexualité.

Et les considérations qui précèdent vont nous permettre de comprendre mieux pourquoi la France, plus que d'autres pays, a su résister à la contagion du Freudisme.

Nation catholique et surtout latine, sa mentalité est également éloignée des mysticismes extravagants et des pudeurs excessives. C'est une banalité de dire que les principales qualités de notre race sont le bon sens, la clarté, la mesure. De là l'impossibilité de nous faire accepter sans résistance les exagérations, les invraisemblances du Freudisme. Et notre sentiment très vif du ridicule, notre esprit de moquerie viennent s'en mêler encore. Comment considérer sans sourire, les naïvetés énormes qui remplissent la psychanalyse, ce symbolisme des rêves par exemple, qui paraît beaucoup plus la fantaisie d'un ironiste que l'œuvre sérieuse d'un savant. Et ça été pour moi bien souvent un sujet de stupéfaction de constater avec quelle gravité les psychanalystes convaincus discutaient des théories les plus choquantes ou les plus cocasses de leur doctrine, comme s'ils manquaient à la fois du sens de l'obscène et du sens du ridicule.

Au point de vue sexuel, notre nation où le sentiment s'équilibre avec la raison, ne connaît ni ces pudeurs de forme, ni ces préoccupations scrupuleuses qu'inspirent à d'autres les questions génitales. Nous pensons que l'acte sexuel est l'accomplissement d'une fonction naturelle, aussi noble ou aussi vile, comme on voudra, que les autres fonctions de l'organisme, et qu'il n'y a lieu ni de s'en glorifier, ni d'en rougir. Il n'est pas plus inconvenant d'avouer son appétit sexuel que de manifester son appétit gustatif. Souvent, dans les jardins et dans les squares, nous apercevons sur un banc des couples enlacés qui s'embrassent goulûment. Sans doute, il serait préférable que ces jeunes gens choisissent pour leurs ébats des lieux moins publics. Mais quand même, je préfère encore cette belle franchise de leur désir à l'hypocrisie honteuse qui règne chez d'autres races. Dans la patrie de Brantôme et de Rabelais, l'amour n'est pas un péché. On en parle souvent, trop souvent même au gré de ceux qui nous reprochent la grivoiserie de nos propos. D'autres, il est vrai, n'en parlent jamais : mais ils y pensent toujours !

Dr P. HARTENBERG.

LE NOUVEAU GRAND MAITRE DE L'UNIVERSITÉ

M. HENRY DE JOUVENEL

Ministre de l'Instruction Publique et des Beaux-Arts

C'est par un véritable soupir de soulagement que les Universitaires de France et le Corps Enseignant, ont accueilli la retraite qui a été imposée à M. Léon Bérard, par le Président du Conseil. L'ancien Ministre de l'Instruction Publique, qui avait trop de raisons de rester « accroché » à son porte-manteau ministériel, a mis même à un moment — très court — en péril, la constitution définitive du nouveau Cabinet Poincaré.

M. Léon Bérard, ne s'est pas en effet rendu indésirable qu'aux universitaires de France : ses électeurs des Basses-Pyrénées, n'ignorent rien de l'œuvre funeste, accomplie au point de vue national, par leur député. Il est fort probable que M. Léon Bérard, s'il ne trouve quelque circonscription nouvelle, assez ignorante pour l'accueillir, reste sur le « carreau » en avril, s'il lui prend fantaisie de braver l'honnêteté des Basques.

Le Ministère de M. Léon Bérard, a été long ! Destructive a été son œuvre au Ministère de l'Instruction Publique. Avec une volonté et une idée, qui par leur continuité, apparaissent aujourd'hui, sous une fixité lumineuse, il a « sapé » les fondements même de l'œuvre républicaine de Jules Ferry. S'associant à toutes les entreprises anti-républicaines, il a poursuivi d'une haine immodérée, tous les artisans de l'école laïque.

Au point de vue intérieur, M. Léon Bérard a été au cours de ces deux années, le ferment le plus dissolvant de la France républicaine. Une partie de son œuvre néfaste va rester. En raison même de son caractère insinueux, il n'est pas possible, à un nouveau ministre, d'y porter le fer rouge purifiant, mais du moins pourra-t-il en atténuer les effets.

Ce sera surtout l'œuvre de M. Henry de Jouvenel, le nouveau grand maître de l'Université de France.

Jamais, changement n'aura été plus radical entre deux « politiques » et jamais non plus contraste n'aura été plus grand entre deux hommes, qui sous l'autorité politique du même — Poincaré — se seront succédé, dans un département ministériel.

Cette constatation seule nous suffit, pour nous permettre de supposer, que M. Poincaré, pour des raisons que nous n'avons pas à discuter ici, était loin d'approuver les méthodes antirépublicaines de son ministre de l'Instruction Publique.

Le Corps Enseignant laïque tout entier, avait fini par entrer en conflit avec le Ministre de l'Instruction Publique, et ce n'était pas la moindre amertume, qu'éprouvaient tous ceux, qui voyaient face à face ces deux forces : d'un côté le Ministre, se disant républicain, de l'autre le magnifique Corps Enseignant.

M. Léon Bérard, dont la suffisance voulait être omnipotente, avait institué un véritable « système » anti-républicain, au Ministère de l'I. P. Le Cabinet du Ministre était la première forteresse conquise, par les ennemis du régime, sur la République. Il a fallu, toute l'adresse, la courtoisie de M. Roland-Marcel, pour éviter des scandales trop retentissants. Mais M. Roland-Marcel parti, on pouvait tout craindre !

Enfin, M. Henry de Jouvenel, arrive ! Il lui faudra rompre avec les petites méthodes domestiques, prise par M. Léon Bérard.

Le Ministère de l'I. P. n'était pas autre chose qu'un nuage d'effluves, de deux ou trois petites sentines.

M. Henry de Jouvenel, devra frapper à la tête ! On ne lui pardonnerait pas, de ne pas se débarrasser de ces quelques personnalités qui s'associèrent trop intimément à l'œuvre anti-républicaine de Léon Bérard, pour leur faire l'injure, de suspecter leurs opinions véritables.

Le scandale « Lapie », qui faillit être « limogé» pour ne pas vouloir suivre son Ministre dans sa voie anti-démocratique, est encore dans toutes les mémoires. Nous croyons savoir même, qu'il est particulièrement présent à celle de M. Henry de Jouvenel.

Notre nouveau Ministre de l'Instruction Publique, est aujourd'hui l'une des personnalités les plus « fortes » de la République.

Jeune d'âge et de passé politique, il a déjà marqué très efficacement et très activement son arrivée dans l'arène parlementaire.

Malgré son importance, le Ministère de l'Instruction Publique, n'est pas à la hauteur de la valeur d'un homme comme M. Henry de Jouvenel, qui, peut-être — après avoir déjà refusé de faire partie de la première combinaison Poincaré — a voulu faire l'essai d'un Portefeuille. Et ceci, nous donne la certitude, qu'aussi dévoué aux institutions républicaines qu'il doit l'être aux convictions qu'il a maintes fois manifestées, M. Henry de Jouvenel, saura redonner à notre Education Nationale et au Corps Enseignant, toute la confiance et la force, que l'un et l'autre, avaient perdues, sous le servilisme et l'incompétence de M. Léon Bérard.

M. L.

M. ROBERT BILLECARD

Chef du Cabinet du Ministre de l'I. P.

Ce sera une grande joie pour les Universitaires de France, d'apprendre que M. de Jouvenel, vient de choisir comme Chef de son Cabinet, M. Robert Billecard, ancien universitaire, secrétaire général de la Préfecture de la Gironde.

Toute la Presse a été unanime, pour saluer l'arrivée de M. Billecard, dont la grande courtoisie et les qualités d'administrateur s'apparentent à celles qui entourèrent M. Roland-Marcel, de toute la confiance du monde enseignant. Et ceci n'est pas un petit éloge ! La *Revue de l'Université* adresse au nouveau Chef de Cabinet, avec toutes ses félicitations, l'assurance de sa cordiale sympathie.

LA SYRIE BYZANTINE ET L'ÉCOLE DE DROIT
DE BEYROUTH

M. Paul Collinet, professeur à la Faculté de droit de Paris, a fait, sous la présidence de M. Charles Diehl, une très intéressante conférence, dans la série « la Syrie à travers les âges », sur *les Etudiants en droit de l'Université de Beyrouth au ve siècle*. M. Collinet publiera prochainement un ouvrage où il a rassemblé les renseignements que nous possédons sur cette ancienne Université de Beyrouth (Béryte), qui dura du IIe au VIe siècle ; elle fut anéantie en 551 par le tremblement de terre qui détruisit la ville. Elle a joué un rôle important, au début de l'époque byzantine, par son Ecole de droit. Celle-ci était alors la plus réputée et la plus fréquentée ; les élèves y venaient de partout, même des pays qui avaient leurs écoles de droit à Alexandrie, Césarée, Athènes et Byzance.

Ces élèves en droit de Beyrouth n'étaient pas seulement de futurs juristes et fonctionnaires ; il y avait parmi eux de nombreux étudiants qui devinrent de hauts personnages ecclésiastiques, soit dans l'Eglise orthodoxe, soit dans l'Eglise monophysite qui tenait une grande place en Orient. C'est même à cette circonstance que nous devons de connaître la vie et les mœurs de ces étudiants, au moins pour le ve siècle. Leur existence se trouve racontée et décrite abondamment avec les détails les plus curieux et les plus pittoresques, dans la vie de Sévère, patriarche jacobite ou monophysite d'Antioche, écrite par Zacharie le scolastique, qui fut son condisciple à l'Université de Beyrouth, où Sévère fit un long séjour, d'abord comme étudiant, puis comme assistant.

Il y a dans ce tableau circonstancié des traits édifiants ; il y en a qui le sont beaucoup moins, qui peignent sur le vif les mœurs de ce coin d'Orient et les habitudes des étudiants. Sévère et son groupe jacobite luttèrent pour les purifier et les réformer ; le pieux biographe, en disant le bien qu'ils cherchèrent à faire, ne craint pas de s'étendre sur le mal qu'ils rencontraient. Il y a, dans ce récit d'édification, des scènes de mauvaise vie qui en font une

sorte de roman picaresque sur la Syrie du ve siècle, surtout de
singulières et troublantes histoires de magie. Maurice Barrès, dans
son *Enquête aux pays du Levant*, parle de l'affaire des livres
magiques trouvés chez les étudiants de Beyrouth et brûlés publi-
quement par l'ordre de Sévère, telle quelle est racontée par Zacharie le scolastique.

La conférence de M. Collinet ne roulait pas sur ces mauvaises
mœurs, qu'elle décrivait avec une discrétion voilée, répandues
chez des étudiants de l'ancienne Université de Beyrouth. Elle montrait ce que nous savons de son Ecole de droit et de l'importance
qu'elle a eue pour le monde byzantin. Elle rappelait que, depuis
1913, par la collaboration de la Faculté de droit de Lyon avec
l'Université Saint-Joseph des Jésuites de Beyrouth, une nouvelle
Ecole de droit fonctionne là-bas qui doit grandir et se développer
sous le mandat français. M. Diehl, qui présidait, a insisté, avec
sa rare connaissance de l'Orient et sa maîtrise de l'histoire byzantine, sur l'intérêt que présente pour nous cette Syrie chrétienne,
si curieuse et encore insuffisamment connue, entre l'époque ro-
maine et celle que marque l'invasion musulmane suivie des croisa-
des ; il a exprimé l'espoir que des travailleurs français profite-
raient de l'exercice de ce mandat pour l'étudier.

P. Q.

LE LOGEMENT DES ÉTUDIANTS

Le mois dernier, de nombreux étudiants furent menacés d'expulsion,
par quelques hôteliers parisiens, qui veulent spéculer sur l'affluence
étrangère que les Jeux Olympiques vont attirer à Paris.

Il ne fallait pas compter sur M. Léon Bérard, pour défendre notre
jeunesse estudiantine. Ce fut donc l'A., elle-même, sous l'intelligente
et active présidence de M. Antébi, qui protesta, contre ces expulsions,
allant même, jusqu'à faire connaître aux hôteliers, que les étudiants
ne reculeraient pas, devant des représailles « organisées ». Mais, con-
ciliant, tout d'abord, M. Antébi avait saisi le Syndicat des Hôteliers de
la question.

La démarche de M. Antébi ayant fait l'objet de commentaires erronés, nous lui avons demandé de préciser, pour les lecteurs de la
Revue de l'Université qui ne peuvent se désintéresser de la vie estu-

diantive, l'importante question du logement des Etudiants. Nous publions avec plaisir la lettre du Président de l'A. :

Cher Monsieur,

Vous avez bien voulu me demander des renseignements sur la situation actuelle du logement telle que nous l'envisageons pour pouvoir répondre *aux articles malveillants et volontairement pleins d'erreurs* d'une certaine feuille dite « universitaire », qui ne cesse d'aller à l'encontre des véritables intérêts des étudiants.

Je vous envoie ci-inclus un rapport adressé à un parlementaire qui a bien voulu nous le demander il y a une dizaine de jours, vous pourrez en tirer tous les éléments nécessaires pour votre article.

En ce qui concerne la réunion des hôteliers, je tiens à vous donner les précisions suivantes :

Invité par eux à une réunion, j'ai remercié leur Président de l'attitude bienveillante qu'il a eue à notre égard *personnellement*, en intervenant auprès des membres de son Syndicat en notre faveur et en faisant blâmer de la façon la plus formelle ceux des hôteliers qui avaient inconsidérément augmenté le prix des chambres ou mis à la porte des étudiants. Mais je lui ai bien fait remarquer que nous craignions que son appel ne soit pas entendu par tous puisque, après son intervention auprès du propriétaire de l'hôtel de l'Ermitage, six nouvelles expulsions avaient eu lieu. J'ai ajouté que si un nouveau différent s'élevait entre étudiants et hôteliers nous aurions recours à son arbitrage et qu'au cas où cette mesure aurait été insuffisante nous reprendrions notre liberté d'action et agirions comme bon nous semblerait.

Veuillez agréer, cher Monsieur, l'expression de ma considération distinguée.

Le Président :
Antébi.

Voici d'autre part, le rapport, auquel fait allusion M. Antébi :

Dès le lendemain de la guerre les chambres meublées du Quartier Latin ont subi une augmentation sans cesse croissante, et en 1920 l'Association des Etudiants s'est préoccupée de la question des logements.

C'est alors qu'un généreux donateur eut l'idée de faire construire la Cité Universitaire, sur le terrain des fortifications. Il fit don de 10 millions à l'Université et obtint de la Ville de Paris la cession de 9 hectares à proximité du Parc Montsouris, pour pouvoir construire des pavillons séparés comprenant..................(voir le fascicule sur la Cité Universitaire).

La pose de la première pierre de cette Cité eut lieu vers le milieu de 1923 et nous pouvons espérer voir terminer la construction de 350 chambres en octobre 1924.

De 1920 à 1924 la crise du logement s'est considérablement aggravée.

A plusieurs reprises nous avons attiré l'attention des pouvoirs publics sur cette situation et aucune solution immédiate n'est intervenue jusqu'à aujourd'hui. Au début de l'année scolaire 23-24 les hôteliers, qui s'étaient contentés jusque là de majorer leurs prix, se voyant impunis, n'ont pas hésité à transformer la plupart des chambres louées au mois en chambres à la journée. Il en est résulté, dès la rentrée dernière, de grosses difficultés pour loger les nombreux nouveaux étudiants arrivant de province. La transformation de ces meublés sédentaires en meublés à la journée a atteint une telle proportion (à l'approche des jeux olympiques) que, depuis le mois dernier, un grand nombre de nos camarades se sont vus jetés à la rue.

Maisons des Etudiants. — On propose actuellement la construction de maisons d'étudiants qui comprendraient un nombre assez considérable de chambres. Nous sommes très heureux de voir l'effort fait actuellement par le Gouvernement et le Parlement en notre faveur. La construction de ces Maisons d'Etudiants devrait, à notre sens, faire partie du projet de construction de la Cité Universitaire, pour éviter la dispersion des efforts et profiter de terrains déjà affectés à l'Université. Il faudrait éviter d'autre part que ces Maisons ne renferment un trop grand nombre d'étudiants et ne ressemblent à de véritables casernes.

Mais si la construction de cette Cité Universitaire est une solution de la crise du logement, il est douteux qu'elle puisse abriter un grand nombre de personnes avant deux ou trois ans. Il faudrait donc envisager à côté de ces constructions, un autre remède à la crise actuelle. Jusqu'à l'an dernier, s'il nous est arrivé de nous plaindre de l'augmentation considérable que nous avons subie dans nos hôtels (4 à 500 % par rapport à 1918) nous avons cependant toujours trouvé où nous loger. Aujourd'hui, au contraire, il y a une pénurie complète de chambres au mois. *Et cependant le nombre des étudiants n'a pas augmenté.*

Si nous sommes bien renseignés, M. le Garde des Sceaux a l'intention de demander au Sénat de voter une loi interdisant, d'une part la transformation des meublés sédentaires en meublés à la journée et limitant, d'autre part, le prix de ces logements.

Les étudiants ont, à tort ou à raison, la conviction que ce serait là la *seule véritable solution* à la crise du logement, car ils tiennent toujours et avant tout (comme leurs aînés) à leur indépendance.

Nous pensons qu'il nous aura suffi de mettre sous les yeux de nos lecteurs, qui peuvent être aussi celle de la « famille dite universitaire », pour leur montrer toute l'insanité et l'injustice, qu'il y a, à prêter à l'A. et à son Président, un rôle qu'ils sont loin d'avoir joué.

Ajoutons que l'A. G. des Etudiants a réélu tout dernièrement, à l'unanimité, M. Antébi, comme Président.

Pierre HELM.

L'ENSEIGNEMENT PRIMAIRE

INFORMATIONS ET COMMENTAIRES

Le temps des vaches maigres

Des économies! des économies! Elles sont rendues nécessaires par la situation financière résultant de la carence de l'Allemagne. Tous les services publics subiront dès 1924 de douloureuses amputations. Celui de l'enseignement primaire est appelé à supporter 37 millions et demi d'économies. Ici, le rapport Louis Marin frappe un peu à l'aveuglette ; s'il était adopté tel que, il s'ensuivrait un risque mortel pour certains organismes indispensables.

Par exemple, s'il est une institution qui plonge dans le passé de profondes racines et qui peu à peu s'est adaptée à sa formation et s'est acquis des titres indéniables à la reconnaissance nationale, c'est bien l'école normale primaire qui forme les instituteurs et les institutrices. Car, la Commission Marin dresse un projet de régionalisation par académie de l'enseignement normal [1], afin d'établir « un contact étroit et vivant entre l'enseignement primaire et l'enseignement secondaire et technique » ; elle masque ainsi sous un soi-disant intérêt pédagogique, fort discutable d'ailleurs, l'économie de 9.150.000 francs que réaliserait cette réforme. Nous reviendrons quelque jour sur cette question et montrerons combien néfaste serait cette aventure.

Par exemple encore, on réduit dans des proportions considérables les cadres de l'Inspection académique et de l'Inspection de l'enseignement primaire [2]. Ici encore, la Commission Marin obéit à une fâcheuse inspiration. Le rôle d'un Inspecteur ne consiste pas à exercer un simple contrôle, une vérification purement

---

1. 135 écoles normales sur 165 seraient supprimées.

2. Un seul Inspecteur d'Académie est conservé par ressort académique, 147 postes d'Inspecteur de l'enseignement primaire sur 425, sont supprimés.

matérielle, à régler des affaires contentieuses ; ce rôle est d'ordre psychologique ; l'Inspecteur est surtout « un animateur pédagogique ». Si l'on ramène à deux par département le nombre des Inspecteurs, ils consacreront la plupart de leurs journées aux enquêtes ou aux examens ; les visites d'écoles seront raréfiées ; le personnel dont le zèle est faible sentira ce zèle s'affaiblir encore, les maîtres débutants, qui ont besoin d'être guidés, encouragés, seront trop souvent livrés à eux-mêmes ; les ruraux, sur qui pèse l'isolement intellectuel et qui souhaitent la visite réconfortante du chef, l'attendront souvent deux ans et au cours de cette visite, nécessairement rapide, l'Inspecteur aura à peine le temps de « vérifier si le niveau normal de l'enseignement est atteint ; il donnera une note suivant les résultats, il ne pourra mesurer les efforts ni redresser les essais mal dirigés ».

Pour les écoles primaires, le rapport Marin stipule qu'il y aurait lieu de procéder à une révision complète de la carte scolaire. Les écoles d'une même localité seraient fusionnées lorsque le nombre total des élèves les fréquentant effectivement serait inférieur à 40. Dans les écoles à plusieurs classes, les emplois non indispensables seraient supprimés. Enfin les écoles de localités distantes de moins de 3 kilomètres pourraient être groupées à la demande des conseils municipaux. Il n'y a rien que de très rationnel dans ces dispositions : la révision de la carte scolaire est une opération indispensable, à condition d'y procéder avec prudence. Le Président du Conseil a eu l'occasion, le 8 février dernier, dans une réponse à M. Ferdinand Buisson, de préciser la politique d'enseignement arrêtée par son gouvernement. M. Buisson émettait le vœu que les écoles rurales, même à effectif très réduit, ne soient pas supprimées. M. Poincaré répondit : « On ne supprimera pas d'écoles, parce que l'école est faite non seulement pour le présent mais pour l'avenir, pour que les enfants de demain aient un asile lorsqu'ils seront nés ».

L'enseignement secondaire sera plus éprouvé. Un grand nombre de collèges communaux ne réunissant que peu d'élèves seront supprimés. Et ce sera justice.

Les tribulations du certificat d'études

L'arrêté ministériel du 23 février 1923 modifiant les programmes de l'enseignement primaire et l'examen du certificat d'études provoqua une grande émotion dans le monde de l'enseignement primaire : le certificat d'études devait, à partir de 1924, être scindé.

La nouvelle réglementation prévoyait un premier examen, subi à 11 ans et un second, complément du premier, passé à 12 ans. Avec un ensemble remarquable, d'un bout à l'autre du territoire, s'élevèrent des protestations contre cette mesure malencontreuse : les journaux pédagogiques s'en firent l'écho dès la première heure ; les associations corporatives élevèrent toutes la voix avec plus ou moins de véhémence. La Commission de l'Enseignement de la Chambre des Députés déclara à l'unanimité qu'elle condamnait le « dédoublement du certificat d'études dont l'application aurait pour résultat la régression certaine de l'éducation nationale dans les deux tiers des écoles primaires et la réduction d'une fréquentation scolaire déjà mal assurée ».

Devant cette levée de boucliers, le Ministre fut obligé de céder : par décision du 1er février 1924, il rapporta l'arrêté antérieur. Seulement une disposition de l'arrêté nouveau inquiète les instituteurs et les familles en prescrivant que les candidats devront avoir atteint leur douzième année au 1er juillet de l'année où ils se présentent, alors que jusqu'ici il leur suffisait d'avoir 12 ans révolus au 31 décembre de l'année de l'examen. Cette date du 1er juillet ne paraît pas très en rapport avec la réalité des faits : l'année scolaire ne se termine qu'au 30 septembre et la session se poursuit du commencement de juin au 1er août. Un enfant né le 30 juin 1912 pourrait subir l'examen le 15 juin dans le canton A, c'est-à-dire à moins de 12 ans, alors qu'un autre enfant, né le 3 juillet 1912 ne pourrait pas se présenter le 19 juillet dans le canton B, bien qu'ayant 12 ans et 16 jours. Cette anomalie se rencontrera partout. M. Léon Bérard s'est rendu aux raisons qu'on lui a fait valoir et une circulaire, qui est l'un des derniers actes de sa carrière ministérielle, a reporté, *pour cette année*, la limite d'âge des candidats au 31 décembre. Qu'il en soit loué ! Et que son successeur donne à cette mesure bienfaisante un caractère définitif !

Mesures réparatrices

Une loi du 14 janvier 1924 a enfin donné satisfaction à deux catégories de personnes qui attendaient impatiemment des mesures réparatoires depuis longtemps promises :

a) Les membres de l'enseignement primaire élémentaire demeurés sous le feu de l'ennemi obtiennent une titularisation rétroactive et des rappels de traitement pour les années sur lesquelles portera cette rétroactivité; *b)* Les intérimaires en guerre obtiennent des majorations d'ancienneté.

D'autre part, une circulaire ministérielle du 12 février 1924 indique les principes suivant lesquels devront être appliqués aux « vieux stagiaires » les avantages prévus par la loi du 30 juin 1923.

Réforme ou mise au point

Lors de la récente session du Conseil supérieur M. Léon Bérard annonça son intention de mettre à l'étude un projet de réforme de l'enseignement primaire. Et, pour commencer, il fit distribuer aux membres du Conseil, un questionnaire auquel ils devront répondre dans le délai d'un mois. « En partant, dit le Ministre, de réalités telles que la persistance de l'analphabétisme, l'insuffisance de la féquentation scolaire, les dommages intellectuels et moraux de la guerre, les résultats actuels des examens, etc., et en considérant successivement les écoles primaires, les écoles primaires supérieures, les écoles normales primaires, n'estimez-vous pas que l'objet essentiel de l'enseignement primaire étant, avec la formation morale et civique, l'acquisition de connaissances nécessaires au développement intellectuel progressif de l'élève, il convient de fortifier encore, par les méthodes et par les programmes, l'enseignement de ces *notions premières* sans lesquelles l'initiation à l'esprit scientifique, même élémentaire, ne pourrait pas se concevoir ? »

Suivent d'autres questions portant sur le caractère propre de l'enseignement primaire à ses divers degrés, sur l'organisation pédagogique convenant à chacun d'eux, sur les examens et enfin sur la collaboration des autres ordres à la formation des maîtres primaires.

Cette façon de procéder est absolument nouvelle et il y a lieu de s'en réjouir. Le Ministre s'adresse aux compétents et aux intéressés : c'est là de la bonne collaboration. Comme le remarque un grand quotidien, si, depuis vingt années, tous les prédécesseurs de M. Léon Bérard eussent agi de la sorte, « ils eussent épargné à l'Université bien des mesures de fortune ou plutôt d'infortune ».

Le petit Chose.

L'ENSEIGNEMENT MÉNAGER
A L'ÉCOLE PRIMAIRE

Des ménagères ! des ménagères !

Proudhon aimait à répéter que « le ménage est le triomphe ou la condamnation de la femme » et il serait difficile de lui donner tort. Michelet est d'accord avec lui pour affirmer que la femme idéale est celle qui est «capable d'exercer soit dans l'ordre matériel soit dans l'ordre spirituel cette influence salutaire faite de bonne humeur et de grâce, d'esprit d'ordre et de prévoyance, d'intelligence dans l'ensemble et de netteté dans les détails, dont l'effet le plus précieux est de resserrer les liens de famille et d'en fortifier l'esprit ».

A toutes les époques, les grands éducateurs, les philosophes, les écrivains pédagogues ont voulu que les jeunes filles, même dans les rangs les plus élevés de la société et a *fortiori* dans les classes populaires, devinssent de bonnes ménagères.

L'antiquité païenne n'avait méconnu ni la délicatesse ni la portée de cette question. Elle savait que les hommes ne peuvent espérer pour eux-mêmes quelque douceur de vie si leur plus étroite société, qui est celle du ménage, tourne pour eux en amertume. Est-il rien de comparable, pour la grâce de la raison et la fraîcheur du sentiment, au tableau de l'intérieur domestique où nous introduit l'*Economique* de Xénophon, un des livres les plus intéressants de l'ancienne Grèce ? L'auteur nous montre un Athénien faisant doucement la leçon à sa jeune femme. La mère, apparemment, n'avait guère appris à sa fille qu'à se parer et à manger des friandises. Ischamaque, après quelques semaines d'union, lorsqu'il a gagné la confiance de son ignorante compagne, avec d'infinies précautions pour ne point l'humilier ni la froisser, en feignant même de la consulter, lui trace minutieusement sa besogne : elle s'occupera de l'intérieur tandis que lui se réservera les travaux les plus pénibles du dehors. Ils dresseront tout de suite un inventaire de ce qu'ils possèdent, la jeune femme trouvera la place pour serrer les provisions, les vêtements, les ustensiles, ce qu'elle utilise quotidiennement ; les objets dont on n'a besoin qu'à de longs intervalles, seront relégués dans des endroits moins accessibles. Après cela, Ischamaque institue en ces termes sa compagne maîtresse du logis : « Ma femme, tout ce que nous venons de faire est inutile si tu ne veilles pas toi-même au maintien de l'ordre. Dans les Etats bien policés, les citoyens ne croient pas suffisant de se donner de bonnes lois ; ils choisissent en outre des magistrats qui, conservateurs et sentinelles vigilantes de la loi, louent ceux qui la suivent, punissent ceux qui la violent. Eh bien ! regarde-toi comme la conservatrice des lois de notre ménage. Tel qu'un commandant de garnison qui fait la revue de ses troupes, procède, lorsque tu le juges convenable, à la revue de nos meubles ; vois s'ils sont bien tenus ; fais ton inspection comme le conseil fait celle des chevaux et des cavaliers... Reine de ta maison, ce qui sera pour toi une douce satisfaction, c'est lorsque, me paraissant meilleure que moi-même, tu auras fait de moi ton serviteur ; quand, n'ayant pas à redouter que l'âge ne te fasse perdre de ta considération dans ton ménage, tu auras l'assurance qu'en vieillissant tu deviens pour moi une compagne meilleure encore, pour tes enfants une meilleure gardienne et pour ta maison une maîtresse plus honorée. Car la beauté et la bonté ne dépendent point de la jeunesse ; ce sont les vertus qui les font croître dans la vie aux yeux des hommes ».

Montaigne dit que « la plus utile et honorable science et occupation d'une mère de famille, c'est la science du ménage ; c'est sa maîtresse qualité » ; Fénelon voit la vraie parure de la femme non dans la richesse et la noblesse, mais dans la simplicité des mœurs, l'économie et le travail. « Elle a, dit-il, une maison à régler, un mari à rendre heureux, des enfants à élever.. Il lui appartient de faire tout avec économie et honorablement... Elle ne doit pas sortir du rôle auquel l'a destinée la nature et que lui prescrit la sagesse ; si elle s'y méprend, c'est qu'elle ne connaît pas l'étendue de ses devoirs. N'est-ce pas elle qui, par le règlement des choses de la maison, la mène ou la soutient ? ». Et le doux et clairvoyant prélat est loin de vouloir que ces devoirs soient renfermés et tristes ; il n'admet nullement que la solidité en exclue la douceur ; il se plaît, au contraire, à répandre sur les occupations de la femme, l'intérêt et la grâce. Il semble que son imagination, en traçant cet idéal de la vie domestique, ait été illuminée de quelques-uns des plus charmants souvenirs de l'*Economique*. C'est ce qui faisait dire à M. de Sacy : « L'*Education des filles* est du Xénophon écrit avec une plume chrétienne ». La femme, telle que Fénelon la conçoit, n'est pas seulement la femme forte de l'Evangile : comme l'épouse d'Ischamaque, elle est la reine de la ruche, l'âme du foyer.

Mme de Maintenon prescrivait aux demoiselles de Saint-Cyr la pratique de la cuisine et les autres travaux domestiques ; on ne lit pas sans quelque plaisir la vive réprimande qu'elle adressait à la « classe jaune », en 1701, à la suite des réflexions de certaines élèves, choquées d'être invitées à balayer leur chambre ou à porter du bois : ...« J'aurais beau frotter votre plancher, aller quérir du bois ou laver la vaisselle, je ne me croirais point rabaissée pour cela. Que tout le monde vienne à Saint-Cyr et qu'on vous trouve toutes le balai à la main, on ne le trouvera pas étrange et cela ne vous déshonorera pas... Toutes ces choses ne sauraient vous faire mépriser ; il n'y a que les gueux revêtus qui ont cette sotte gloire et qui croient se rabaisser en les faisant ».

Mme Necker de Saussure voulait les femmes prêtes de tout point à leur rôle qui consiste à « perfectionner la vie privée, l'animer, l'embellir, la sanctifier ». Soigner, consoler, encourager leurs maris et leurs enfants, diriger la maison, épargner à propos, proportionner la dépense, est-il « plus grande et noble carrière » ? Les intérêts de la famille sont confiés aux femmes, d'autant plus que l'attention des hommes se porte ailleurs ; « comme dans l'ordre matériel, c'est aux femmes que sont dévolus les soins de la santé et les soins de la conservation des fortunes, et que, dans l'ordre spirituel, ce sont elles qui communiquent et raniment les sentiments, vie de l'âme, mobiles éternels des actions, — il leur est assigné un rôle obscur peut-être, mais immense, dans les vicissitudes de la destinée qui se déploient sous nos yeux ».

Lorsque Napoléon fonde à Ecouen la première maison d'éducation de la Légion d'honneur, il donne à la directrice, Mme Campon, cet impérieux mot d'ordre : « Faites-nous des mères ! faites-nous des ménagères ! ». Dans l'élaboration des programmes, il réserve une part prépondérante à l'économie domestique, manifestant ainsi sa volonté d'élever les filles des légionnaires en vue de la vie réelle, de les mettre à même de fonder des foyers, de les habituer à compter sur elles-mêmes. Il veut qu'elles ne se désintéressent ni de la cuisine ni de l'office et tient à ce qu'on « leur montre un peu de médecine et de pharmacie, afin d'être au besoin garde-malades » ; il veut « qu'une jeune fille sortant d'Ecouen pour se trouver à la tête d'un petit ménage sache travailler ses robes, raccommoder les vêtements de son mari, faire la layette de ses enfants, procurer des douceurs à sa petite famille ». Il y insiste et dit à Mme Campon : « Tout cela est grande affaire, dans mon opinion ».

*
* *

Voilà en effet la vraie mission de la femme, celle que la nature a prévue, celle que la saine raison conçoit. Mais cette vocation, quoique innée, a besoin d'être éclairée, développée, perfectionnée par l'éducation. « Pour être épouse et mère, à la hauteur de ses devoirs multiples et délicats, l'intinct ne suffit pas : il faut, de plus, une longue et minutieuse préparation ». C'est aux mères, assurément, qu'il appartiendrait de faire l'éducation ménagère de leurs filles ; mais combien peu ont l'aptitude nécessaire ! D'ailleurs, les femmes du peuple, obligées de travailler à l'usine ou à l'atelier, vivent peu chez elles, ne tiennent pas toujours propre et coquet leur intérieur, et n'ont pas le temps de s'occuper avec une attention toujours en éveil de l'éducation des enfants.

Et pourtant, ces enfants, ces jeunes filles, issues des classes populaires, combien leur existence plus tard sera sérieuse, rude et pénible ! Que de devoirs elles auront à remplir ! En l'absence du mari, ouvrier des villes ou des champs, elles auront la garde du foyer, seront ménagères et comptables, veilleront à la dépense et ordonneront la maison. Tout en sauvegardant l'épargne, elles mettront leur industrie à donner au logis toute la propreté et tout le confort possibles ; chargées de l'alimentation et de l'hygiène, elles se verront aux prises à chaque instant avec les lois physiques et chimiques, la science pratique du feu, de la cuisson des aliments, de l'éclairage, des conditions salubres du logement et du mobilier. Elles ne peuvent donc ignorer ni les grandes lois de la nature ni les lois de la vie.

Ceci encore, il faut demander à l'école de l'enseigner. Certes, c'est une œuvre éminemment utile qui s'offre à l'activité et au dévouement des institutrices. Joyeusement, elles accepteront cette tâche nouvelle, en songeant à tout le bien qu'elles peuvent ainsi réaliser. Quand l'enseignement ménager, à peine ébauché aujourd'hui, aura reçu partout son plein développement, un très grand progrès social sera réalisé. Mieux instruite de ses devoirs de ménagère et de mère, consciente de sa responsabilité, fière de son admirable rôle, la femme sera véritablement l'âme du foyer.

A. Laclef,
Inspecteur
de l'enseignement primaire.

LA SCIENCE FRANÇAISE

DANS LA VALLÉE DES ROIS

———

Les fouilles de la Vallée des Rois ont, depuis un an, singulièrement ravivé l'attention du monde sur cette célèbre région de la Haute-Egypte, terre sacrée des Pharaons, où, depuis plusieurs millénaires, dort, enfouie sous les sables, une civilisation brillante dont l'antique splendeur frappe le monde entier d'admiration.

Sans remonter à Chapollion et à Mariette, il est permis de dire que les savants français n'ont pas été les derniers à explorer et étudier ce merveilleux reliquaire d'un passé grandiose et fabuleux, incomparable champ de richesses archéologiques.

Et cependant, parmi les travaux encore récents, il en est d'assez peu connus qui gagneraient à être mis en pleine lumière.

'Pour la période contemporaine, il est juste de mentionner dans cet ordre de recherches, les noms de savants égyptologues tels que Révillout, Maspero, Amélineau, Guieysse et M. Lioret, professeur d'Egyptologie à la Faculté des lettres de Lyon.

Un autre savant français, qui a constamment travaillé dans la solitude et le silence de la Thébaïde, n'en a pas moins accompli une œuvre également importante dont nous voudrions signaler et marquer ici les principales étapes et faire connaître les résultats.

Ce fut par une initiation à l'étude du passé artistique, puisée à l'Ecole des Beaux-Arts, que M. Hippolyte Boussac prit le goût et la passion de la haute antiquité.

Quatre années durant, il suivit, tant au Collège de France qu'à l'Ecole des Hautes-Etudes les cours d'Egyptologie. Dès lors sa vocation fut manifeste, et il résolut de se vouer tout entier au service de cette science nouvelle qui est et restera, nous le croyons fermement, le but de sa vie.

Envoyé en 1890, par l'Ecole des Hautes Etudes, à la Mission française du Caire, son premier travail important fut le relevé du tombeau d'un scribe royal de la xviiie dynastie, du nom d'Anna, trésorier du pharaon Thotmès III.

Au cours des fouilles, il fit la découverte d'une magnifique inscription hiéroglyphique qui permit d'établir d'une façon péremptoire la généalogie de ce pharaon, le plus grand conquérant égyptien.

Cette syringe [1], l'une des plus belles de la nécropole thébaine, nous montre, en de longues théories superposées, le défunt dans les différents épisodes de son existence terrestre. Sur l'une des parois, il reçoit, au nom du pharaon, les tributs des peuples étrangers. Dans les registres inférieurs, Anna, tenant en main sa canne d'ébène mouchetée, surveille, dans la salle du trésor, la pesée des matières précieuses.

Du côté opposé, le défunt, assisté de sa famille, reçoit les intendants de ses domaines qui se prosternent devant leur maître en lui présentant les différentes espèces d'animaux confiés à leurs soins.

Ce travail, envoyé au salon de 1892, où il fit sensation par son originalité et sa nouveauté, obtint une médaille d'or de troisième classe et fut publié dans les mémoires de la Mission du Caire.

Bien mieux que les parois des temples, les peintures des syringes nous montrent, comme on vient de le voir, une image fidèle de la vie des anciens Egyptiens, chacun s'étant fait représenter dans l'exercice de ses fonctions publiques ou privées. On trouve là, tous les éléments propres à reconstituer leur existence.

Ces peintures sont donc bien précieuses et doivent à tous égards être conservées. Mais, une fois livrées à la lumière du soleil, elles ne tardent pas à perdre leur éclat et finissent peu à peu par disparaître.

Mu par un sentiment patriotique, M. H. Boussac conçut l'idée de doter son pays de documents impérissables, en relevant, dans leur grandeur originale, et avant leur complet anéantissement, les principales compositions.

C'est ainsi qu'il fut amené à relever le tombeau de Nakht, astrologue du temple d'Ammon, à Thèbes, sous la XVIIIe dynastie. Ce monument offre une curieuse particularité ; construit avant le règne de Kouenaten, le roi hérétique, le nom d'Ammon y est partout martelé.

Les peintures nous montrent le défunt, accompagné de sa femme et de ses enfants, se livrant aux plaisirs de la chasse, ou

---

[1]. Les Grecs appelaient syringes les tombeaux égyptiens, parce que, étant tout en longueur, ils ressemblaient à des flûtes.

bien assis sous un kiosque, surveillant les travaux des champs, moissons et vendanges.

Ce monument ayant été entièrement reproduit et mis debout au salon de 1894, chacun pouvait, en y entrant, éprouver la sensation d'être à l'intérieur du tombeau original. Récompensé d'une médaille d'or de deuxième classe, il est aujourd'hui au Musée Guimet.

Encouragé par ce succès, M. H. Boussac envoya à l'exposition universelle de 1900, où il fut aussi édifié, un autre monument beaucoup plus important, comprenant quatre piliers massifs également couverts de peintures. Tous les personnages sont ici représentés de grandeur naturelle. La voûte surtout mérite une mention spéciale : Partant du sol, une vigne grimpe le long d'une paroi, se développe en tous sens et couvre le plafond entièrement. Toutes ailes éployées, un magnifique vautour, d'un saisissant réalisme, plane au milieu des pampres et donne à l'ensemble un grand caractère

L'Ecole d'Alexandrie, qui ne dédaignait point de s'inspirer des vieux maîtres pharaoniques, s'est souvenue de ce plafond dans la décoration de la voûte d'un tombeau de la Grande Oasis. Nous trouvons le même sujet de décoration reproduit dans les catacombes de Rome et surtout au cimetière de Domitilla. Médaillé à l'Exposition, ce monument est actuellement à la Faculté des lettres de Lyon.

Par sa prévoyance, M. H. Boussac a sauvé en outre d'un anéantissement complet divers autres monuments qui n'existent plus aujourd'hui et dont la France est seule à posséder les descriptions. L'un des plus importants est le tombeau de Panel, hypogée de la XXᵉ dynastie où tous les sujets étaient peints en jaune sur fond blanc. Entre autres scènes intéressantes, on y voyait le défunt assis sous un kiosque et jouant aux échecs avec sa femme ; l'une des parois montrait une magnifique *Hennou*, barque mystérieuse de Ptah-Sokaris-Osiris, et la plus remarquable de celles que l'on connaît. Enfin la voûte était divisée en panneaux dans lesquels figuraient la triade d'Eléphantine et autres divinités du Panthéon pharaonique

Les murs imprégnés de sel ou de toute autre matière cristalline, dès qu'ils étaient frappés par la lumière d'un flambeau, brillaient d'un éclat incomparable, et l'ensemble offrait l'aspect d'une galerie resplendissante d'argent et d'or.

Aujourd'hui il ne reste rien de cette curieuse syringe ; tout est détruit, pillé, saccagé ; seul le nom de Panel a été conservé.

Une autre œuvre d'art encore bien plus remarquable est un magnifique bas-relief colorié qui ornait le fond de l'une des chambres du tombeau de la reine Titi, princesse ramenide. Ce bas-relief aujourd'hui disparu mesurait environ deux mètres de long sur un mètre de hauteur. Le sujet représentait la reine Titi, debout devant « le sycomore aux belles branches ».

Ce n'est pas seulement à des travaux graphiqués que se borne l'œuvre de M. H. Boussac. Il y a en égyptologie, une infinité de problèmes à résoudre qui, relevant plutôt de l'archéologie que de la philosophie, ne seront jamais résolus, les philologues, refusant un caractère scientifique à tout ce qui n'est pas philologie. C'est justement à la solution de ces problèmes que M. H. Boussac consacre ces recherches.

Nous allons faire connaître quelques résultats.

Il a d'abord fixé, d'une façon certaine, le lieu d'exil de Juvénal. Depuis quatre cents ans que « les satires » sont l'objet de savants commentaires, deux points n'avaient pu encore être élucidés : le lieu d'exil du poète et un passage de la xv⁰ satire qui a été l'objet de nombreuses controverses et sur lequel on n'avait jamais pu tomber d'accord.

Prenant à la lettre un texte attribué à Suétone, et d'après lequel Juvénal fut nommé chef d'une cohorte et envoyé à l'extrémité de l'Egypte, pour satisfaire le ressentiment d'un histrion, de nombreux écrivains et tous les guides, aussi bien français qu'étrangers, ont fait de Syène, située à l'extrémité de l'Egypte, et où les Romains entretenaient une cohorte, le lieu d'exil de l'auteur des satires.

Dans un savant mémoire, très documenté, présenté à l'Académie des Inscriptions et Belles Lettres [1] par un membre de l'Institut, M. Chatelain, le très éminent et très sympathique professeur de la Faculté des Lettres de Paris, M. H. Boussac a combattu cette thèse, quelque vraisemblable qu'elle puisse paraître, a détruit l'un après l'autre tous les arguments établis pour la soutenir et démontré péremptoirement que Juvénal n'avait pas été exilé à Syène, mais dans la Grande Oasis qui, depuis l'antiquité pharaonique était un lieu de déportation pour les condamnés politiques.

Le passage contesté de la xv⁰ satire a été rétabli par M. H.

---

1. Le vendredi 14 décembre 1917. Ce mémoire a paru in-extenso dans la Revue de Philologie, de Littérature et d'Histoire ancienne. Année et tome XLI, 2ᵉ livraison (juillet 1917).

Boussac d'une façon certaine, à l'aide de deux listes géographiques égyptiennes dont l'une fut découverte à Abydos dans le temple de Ramsès II, par Mariette, et l'autre provient d'un papyrus de la xx° dynastie.

Cette xv° satire roule sur un acte de cannibalisme, accompli au cours d'une bataille entre les habitants de Teutyris et une ville voisine qu'on n'avait jamais pu identifier.

Pour les uns cette ville était Hum-Ombo, sous prétexte qu'elle faisait partie du même nome que Teutyris. Voir dans ces deux villes, séparées par une distance de 30 lieues, deux cités voisines, est vraiment prodigieux. D'autres philologues ont cru très sage, d'après la topographie des lieux, de voir dans Coptos, distante de douze lieues seulement de Teutyris, la ville qu'a voulu désigner Juvénal.

Toutefois un fait qui a échappé à la perspicacité de tous ces philologues, c'est qu'en dehors de la distance, il y avait encore le Nil à traverser, Ombos et Coptos se trouvant sur la rive droite. du fleuve, alors que Teutyris est sur la rive gauche. Ils n'ont pas remarqué non plus que Juvénal ne parle ni de navigation, ni d'embarcations et que, dans la bataille, les fuyards ne courent pas vers leurs canots, mais vers les murs de leur ville.

Un Allemand, reconnaissant l'impossibilité des deux systèmes, n'a pas craint d'avancer que Juvénal n'avait jamais été en Egypte, qu'il ne connaissait pas ce pays, que la xv° satire était apocryphe et l'œuvre d'un faussaire. Système bien germanique de résoudre les difficultés.

Un seul cependant, Fabre de Narbonne, à judicieusement émis l'opinion que l'Ombos de Juvénal devait se trouver également sur la rive gauche du Nil, au sud de Teutyris.

Or, il y a quelques années, des découvertes sont justement venu démontrer combien était fondée une semblable assertion. Aujourd'hui en effet nous la connaissons cette Ombos de la xv° satire ; des fouilles pratiquées en 1895, par MM. Flinders Pétrie et Quibell, en ont déterminé l'emplacement.

C'est au nord de Nagada, sur les confins du désert, en un lieu connu dans le pays sous le nom de Kom-Belal, à quatre kilomètres environ du village actuel de Ballos, qu'ils trouvèrent les restes de la ville de Noubt (nom égyptien d'Ombos), avec les substructions du Temple de Set, la nécropole et dans la partie septentrionale de celle-ci une pyramide en partie ruinée.

Il est fait mention de cette ville dans les listes géographiques dont nous avons parlé plus haut.

Chacune de ces listes fait donc mention de deux cités, ayant un nom analogue dont *Nub* forme le radical.

L'une de ces villes, bien connue de nos jours, était Kom-Ombo, au nord d'Assouan, l'autre voisine de Deuderah (l'antique Teutyris) n'avait pu encore être identifiée. Dans une liste elle est placée avant Coptos (Zouft) ; dans l'autre on la trouve après. Toutefois, d'après ces deux listes, sa position géographique devait être à peu près à la hauteur de Coptos, mais sur la rive gauche du Nil ; or Kom-Belal se trouve justement dans ces parages.

Les fouilles pratiquées par Pétrie et Quibell ont amené la découverte de nombreux vestiges, permettant en outre d'affirmer, d'une façon péremptoire, que les ruines de Kom-Belal sont bien en effet celles de l'Ombos de Juvénal.

D'ailleurs, le texte de celui-ci ne permet pas la moindre hésitation à cet égard ; d'après le 28° vers de la xv° satire « *Gesta super calidae moenia Copti* », c'est au-*dessus* de la brûlante Coptos, et non *dans* la brûlante Coptos, ou *près* de la brûlante Coptos, comme on l'a généralement traduit, qu'eut lieu cet acte de cannibalisme. Or Kom-Belal (Ombos) est à cinq kilomètres au sud de Coptos sur la rive gauche du Nil ; ce fleuve coulant du Sud au Nord, Ombos est bien en effet au-dessus de Koptos. La scène s'est donc passée entre le village actuel de Ballas et Kom-Belal.

Un autre problème d'archéologie égyptienne qui, en dépit de laborieuses recherches, aussi bien en France qu'à l'étranger, n'avait pu jusqu'à ce jour, être résolu, c'est l'identification de l'animal sacré de Set-Typhon.

Les Egyptiens l'ont représenté sous l'aspect d'un élégant quadrupède de couleur fauve, aux jambes hautes et nerveuses, avec un museau pointu, de longues oreilles rectangulaires, coupées carrément, une queue raide fourchue ou terminée en boule, les pieds comprenant plusieurs doigts à la manière des chiens et des félidés.

Objet, de la part des philologues, de nombreux essais d'identification, ces messieurs l'ont successivement assimilé à l'âne, à l'oryx, au sanglier, à la gerboise, à l'oryktérope, même au chameau. Enfin les opinions les plus extravagantes ont été émises sur cet animal symbolique.

Une simple comparaison eût cependant suffi à montrer l'invraisemblance de pareilles identifications. Si les nombreux travaux entrepris à ce sujet n'ont point donné de résultat satisfaisant, c'est parce que les conclusions ont été faites *à priori* et sans une image rigoureusement exacte de l'animal. Une fois celui-ci reconstitué, il eût été facile de rechercher à quel genre zoologique on pouvait le rattacher. C'est ce qu'à fait M. H. Boussac.

Ce qui dans l'emblème typhonien nous paraît animal, c'est la queue et la forme des oreilles. Celles-ci, longues et de forme rectangulaire, sont coupées carrément à leurs extrémités, mais on peut affirmer que telle n'est point leur forme naturelle, car à la voûte astronomique du tombeau de Seti Iᵉʳ, le dieu Set est représenté avec la tête de son animal à l'état sauvage, c'est-à-dire avec les oreilles entières, lesquelles sont longues et pointues.

Voilà donc pour les oreilles.

Queue, en égyptien, se dit *sed* et *sety* signifie darder, lancer des flèches. Afin qu'il n'y eût point d'équivoque sur l'identité de l'animal, les Egyptiens ont employé un moyen ingénieux pour qu'on pût le reconnaître sans la moindre hésitation. Usant de leur goût très prononcé pour les jeux de mots, ils ont en manière de calembour, dôté l'animal typhonien d'une flèche en guise de queue. A toutes les époques cette flèche est représentée par un bâton fourchu ou terminé en boule.

Si maintenant nous recherchons la forme naturelle de cette queue, nous la trouverons dans une statue inédite du Musée du Caire, remontant à la xixᵉ dynastie, qui représente assis, l'animal typhonien. La tête est malheureusement incomplète, les oreilles et le bas du menton ayant disparu, mais les autres parties, les pieds, les jambes et tout l'arrière-train sont d'une conservation parfaite. Ici la queue n'est plus une flèche, mais elle est représentée par une queue naturelle. Assez longue et fortement munie de poils à son extrémité, elle est ramenée contre le flanc droit.

Si avec cette queue et les oreilles que nous fournissent les monuments, nous complétons l'emblème typhonien, nous avons un élégant quadrupède dont toutes les parties, en parfaite harmonie les unes avec les autres, n'offrent rien de fantastique. Alerte, vif d'allure, le corps dégagé, il était certainement aussi propre à la chasse que les lévriers et chiens courants dont les Egyptiens firent usage dans la suite. On doit y voir un individu de la famille des canidés, lequel étant le rôle qui lui est attribué, constituant par sa domestication une espèce différente, M. H. Boussac l'a appelé *Canis Typhonicus*.

Une fois le sujet reconstitué, il fallait, à l'aide de comparaisons, examiner si dans la faune actuelle de l'Afrique se trouvait encore un animal de cette espèce auquel on put l'identifier. Ne possédant, au désert, aucun ouvrage d'histoire naturelle, qui lui permit de faire le moindre rapprochement, M. H. Boussac envoya le dessin de son quadrupède à M. Trouenart, l'éminent professeur du Muséum de Paris qui lui répondit : « Le chien figuré est un chien domestique comme le prouve le collier et la queue relevée sur le dos, il descend probablement du Canis lupaster (Henphrich et Ehrenberg) sauvage sur les bords de la mer Rouge. »

De sorte que l'animal symbolique de Set-Typhon, n'est autre qu'un descendant domestiqué du *Canis lupaster* sauvage, qu'on a, dans les bas-reliefs et les peintures, représenté muni de longues oreilles ne pouvant être attribuées à aucun être vivant, d'une flèche en guise de queue et portant un collier pour bien affirmer un caractère d'animal domestique.

Ces formes conventionnelles furent établies de bonne heure afin d'éviter toute confusion, de pouvoir distinguer nettement et du premier coup d'œil, l'animal sacré du Dieu Set, du chacal d'Anubis, avec lequel il a une grande ressemblance.

Dans la Revue de l'Histoire des Religions, où le mémoire de M. H. Boussac est publié in-extenso, cette assimilation a été reconnue rigoureusement exacte par M. Trouenart qui en appendice déclare ce qui suit : « M. Hippolyte Boussac a montré avec beaucoup de méthode et de clarté, les raisons qui forcent la grande majorité des archéologues et des zoologistes qui ont étudié cette question sans prévention, a admettre que l'animal sacré du Dieu Set était un chien domestique ».

Ce travail a été l'objet d'une communication à l'Institut d'Egypte. Dans le compte-rendu qu'il en a fait, le correspondant du *Journal du Caire,* s'exprime de la façon suivante : « En un mot l'animal sacré de Set-Typhon est un *Canis lupaster* maquillé. Ce problème, qui, depuis bientôt un siècle, n'a cessé d'exercer la sagacité des savants, peut aujourd'hui, semble-t-il, être considéré comme définitivement résolu. »

De même que les autres sciences ayant l'antiquité pour objet, l'Egyptologie embrasse également l'étude de la peinture, de l'histoire naturelle, de l'Ethnographie, etc...

La peinture surtout tient une place beaucoup plus grande que la philologie dans l'antiquité égyptienne et une étude amène les révélations les plus curieuses, les plus inattendues, elle nous montre, en outre, que tous les genres pratiqués aujourd'hui étaient connus dans l'antique Egypte, même l'*Impressionnisme.*

Mais c'est à des causes tout à fait différentes de celles qui ont produit l'impressionnisme moderne, qu'est dû l'impressionnisme égyptien.

Dans un but de progrès, le premier est voulu, cherché, étudié, le second a été provoqué par un manque de temps, le besoin de terminer rapidement un travail commencé qui, sans cela serait resté inachevé. Il est en un mot le résultat d'un travail rapide, d'une peinture expéditive.

N'ayant point à s'occuper de la composition de ses tableaux, l'artiste égyptien n'était qu'un outil, un instrument exécutant la pensée d'un autre, son travail ne consistait qu'à reproduire des modèles qui depuis l'origine de la civilisation pharaonique sont restés invariables. Après qu'on avait fait choix des sujets à exécuter dans le tombeau, on les dessinait sur le mur au moyen de la mise au carreau. Les figures et accessoires étaient tracés en noir. L'ensemble une fois en place, un chef d'atelier faisait les corrections en rouge. Sur cette silhoutte ainsi rectifiée, on appliquait en teintes plates les couleurs qui convenaient à chaque objet : le rouge, le jaune ou le ton de chair pour les nus, le blanc et autres couleurs pour les vêtements. Le fonds était généralement gris-perle, quelquefois jaune.

Ce travail terminé on cernait tous les contours au moyen d'un repiqué brun ou noir, très fin, très délié.

Ce genre de travail, où chaque chose était dessinée avec une précision parfaite, même les hiérogryphes, correspondait à notre peinture classique, et c'est ainsi qu'on opérait dans les belles syringes pour les travaux soignés.

Quand la décoration d'un tombeau était commencée suivant le système que nous venons d'exposer, il arrivait parfois que le temps nécessaire à son achèvement venait à manquer, soit qu'il eût fallu exécuter non seulement la peinture, mais l'excavation de la syringe et que le travail fût commencé trop tard, soit pour toute autre cause, alors le tombeau restait inachevé, ou bien renonçant au système ordinaire, l'on employait un procédé plus expéditif.

La mise au carreau était abandonnée et les objets à représenter au lieu d'être d'abord très soigneusement dessinés, étaient simplement indiqués par un schéma sommaire, tracé rapidement et à l'aide duquel le peintre baclait sa besogne en un clin d'œil.

M. H. Boussac a découvert dans la nécropole thébaine, deux tombeaux ornés de peintures exécutés suivant ce système.

L'un de ces hypogées comprend deux salles, dont la première montre les deux phases de ce procédé. Sur l'une des parois nous voyons le schéma des objets à peindre, très habilement exécuté, du bout du pinceau, sans mise au carreau, sans retouches, rien, c'est l'indication d'un convoi funèbre. Du côté opposé, une scène terminée par le même système, sur un simple schéma. C'est une offrande à Osiris se détachant sur un fond gris-perle. L'aspect général est très brillant de couleur, les nus chez les femmes ont une teinte de chair naturelle, mais le dessin est des plus lâchés, divers personnages portent des papyrus dont la tige, étant divisée en deux par la main qui les tient, la partie du haut ne correspond pas avec celle du bas, les feuilles de vignes et divers accessoires sont mal indiqués. Une autre paroi est traitée de la même manière. Dans une phrase dont les hiéroglyphes n'ont pas été préalablement dessiné, des lettres manquent, c'est du pur impressionnisme.

L'autre tombeau ne comprend qu'une salle unique où parmi des compositions d'un travail très soigné, figure une scène fort curieuse exécutée à la hâte suivant le mode impressionniste.

Ce tableau nous montre deux barques funéraires naviguant sur un lac, l'une remorquant l'autre et la dirigeant vers un débarcadère en haut duquel sont assises Isis et Nephthys, les sœurs divines.

Tout ici a été exécuté si rapidement, avec un tel entrain qu'il est permis de croire que rien n'a été préalablement dessiné, que l'artiste a fait un travail du premier jeu, en se jouant et du bout du pinceau.

Comme impressionnisme, c'est une peinture d'une prodigieuse habileté et tout à fait remarquable. Au point de vue de l'histoire de l'art, la découverte de ces tableaux est du plus haut intérêt.

Telles sont les manifestations artistiques des anciens Egyptiens, qu'avec juste raison, « *M. Hippolyte Boussac appelle de la peinture impressionniste* [1] ».

Existe-t-il d'autres scènes exécutées d'après ce procédé, ce n'est pas impossible, mais en tout cas, n'aurions-nous que ces deux exemples, ils suffiraient à démontrer que l'impressionnisme était déjà connu des Egyptiens, plus de mille ans avant notre ère.

Avec la peinture, l'Histoire Naturelle est l'une des branches les plus importantes de l'Egyptologie. L'identification de la faune pharaonique surtout. Les peintures des hypogées nous font connaître des espèces, autrefois abondantes en Egypte et qui de nos jours ne se trouvent que dans les régions tropicales, quelques-unes même ont entièrement disparu du continent africain.

---

1. Communication faite à l'Académie des Inscriptions et Belles-lettres, le vendredi 19 janvier 1923.

Cette question est si importante et d'une utilité si immédiate, que la plupart des égyptologues s'en sont occupés ; mais ayant traité ce travail philosophiquement, le résultat en est resté négatif.

M. H. Boussac à son tour, a, par une autre méthode, abordé ce genre d'études et identifié plus de cent animaux. Ces identifications ont été reconnues rigoureusement exactes par de nombreux zoologistes et notamment par le regretté M. Ed. Perrier qui, en octobre 1920, a, devant la Commission des Missions scientifiques et littéraires, démontré l'utilité d'un semblable travail et vivement insisté pour que son auteur fut envoyé en Egypte afin d'y poursuivre ses travaux. Mais après un court séjour dans la vallée du Nil, ils ont été brusquement interrompus avant leur entier achèvement.

On doit encore à M. H. Boussac, des études sur l'histoire de l'art égyptien, sur l'île de Philæ [1], sur la statue sonore de Memnon [2], des excursions dans des régions inexplorées de l'Egypte [3], enfin une infinité d'études parues dans de nombreux recueils et auxquelles il ne manque que d'y mettre la dernière main pour prendre figure d'ouvrages définitifs et concluants.

Un Universitaire.

LA FRATERNITÉ UNIVERSITAIRE

C'est avec plaisir que nous insérons la communication suivante qui nous parvient au dernier moment :

Mon cher Collègue,

Comme nous, sans doute, vous avez souvent regretté les malentendus qui, sous l'œil narquois de leurs ennemis communs, divisent parfois les membres de l'enseignement public. Malgré des relations polies et même des accords passagers, il n'est pas niable que de sourdes rancunes et de tenaces préjugés barrent fréquemment la route à une franche sympathie et à une collaboration devenue indispensable entre primaires et secondaires. Des sentiments avoués de dédain ou de

---

1. Parues dans le *Mercure de France* du 1er janvier 1914, sous le titre « *L'île sainte d'Isis* ».

2. *Revue des Deux Mondes* du 1er juillet 1906.

3. *Revue Hebdomadaire* du 10 octobre 1910.

colère laissent même espérer, à certains qui s'en réjouissent, qu'un infranchissable fossé les sépare.

Et c'est l'Université tout entière qui en souffre à cette heure surtout où primaires et secondaires, également honnis, également menacés, doivent lutter contre ceux qui ne les divisèrent autrefois que pour les mieux vaincre aujourd'hui. Victoire aisée s'ils s'épuisent mutuellement dans des luttes ouvertes ou même s'affaiblissent par leur désaccord, devant des adversaires qui eux ne distinguent plus. Les comités d'entente universitaire, indispensables actuellement, demandent pour porter tous leurs fruits que disparaisse, des deux côtés, la défiance sourde qui paralyse. N'attendons pas que l'union nous vienne d'en haut ; travaillons à la faire autour de nous. Lorsqu'auront changé les sentiments des membres de l'enseignement, l'accord des présidents d'amicales et de syndicats suivra nécessairement et sera plus fécond.

Personne n'est d'ailleurs invité à se sacrifier pour autrui : si nous souhaitons le libre accord des diverses catégories d'éducateurs, nous répugnons à tout asservissement. Nous croyons que nos intérêts particuliers bien compris demandent une inévitable union. Mais loin de condamner toute divergence de vue ou de répugner aux libres discussions, nous les considérons comme la condition indispensable de tout vrai progrès ; en matière pédagogique, seuls les échanges d'idées entre éducateurs permettront d'adapter l'enseignement aux inévitables transformations sociales. Ennemis du caporalisme, nous sommes prêts à reconnaître toutes les supériorités vraies. « A chacun selon sa capacité et à chaque capacité selon ses œuvres », telle est notre devise qui est celle aussi de la justice sociale.

A ceux qui pensent comme nous d'unir leurs forces éparses pour que triomphe cet idéal de justice et de bonté. Oublions de trop anciennes querelles, examinons sans préjugés la situation actuelle et nous comprendrons que primaires et secondaires doivent aujourd'hui collaborer dans un esprit fraternel. Une élite de professeurs d'Ecole Normale et d'instituteurs l'a compris. Leur vaillante revue « Les Primaires », veut bien se faire l'organe de cette tendance nouvelle. Elle veut bien inaugurer cette collaboration si désirable des primaires et des secondaires ; elle demande l'étude en commun des problèmes qui s'imposent à l'attention de l'éducation moderne, l'examen méthodique des grands courants de la pensée et de l'art contemporain ainsi qu'une large enquête sur les transformations pédagogiques et scolaires, désirables à notre époque.

A nos collègues du secondaire je demande de ne pas refuser la main à ceux qui la leur tendent et d'accepter cette collaboration fraternelle.

L. Barbedette,
professeur de philosophie.

Pour tous renseignements s'adresser à M. L. Barbedette, 6, rue de la Tour, Luxeuil (Haute-Saône).

L'ESPAGNE ET SON DÉVELOPPEMENT

ÉCONOMIQUE

———

Nous sommes généralement bien mal informés des choses d'Espagne qui méritent pourtant de nous vivement préoccuper. Aussi, des livres, tel celui de M. Jean Baelen que nous présente l'Ecole des Hautes Etudes Hispaniques [1] sont-ils pour nous d'un prix tout particulier. L'intérêt de l'étude de M. Jean Baelen est d'ailleurs d'autant plus grand que son auteur, intellectuel d'une grande finesse en même temps que savant économiste, a longuement analysé sur place toutes les questions dont il nous donne un clair et précieux résumé.

L'Espagne a tiré de sa neutralité pendant la guerre, d'importants bénéfices matériels. Contrainte par la nécessité de produire elle-même les articles qu'elle recevait auparavant des empires centraux et même des pays alliés, l'Espagne a également été amenée à augmenter sa production industrielle par l'attrait des bénéfices certains et faciles que l'on pouvait réaliser à cette époque en fabriquant n'importe quoi. Les chiffres du commerce extérieur de l'Espagne pendant la guerre, les tableaux du change et des mouvements de l'émigration sont significatifs des progrès réalisés.

Mais la prospérité économique de l'Espagne, essentiellement factice, n'a pas durée. La crise de 1920 a d'autant plus atteint nos voisins que l'insuffisance technique de l'outillage aussi bien que du personnel supérieur préparait peu les industries espagnoles à la lutte. La plupart de ces industries se sont trouvées rapidement paralysées ; l'inertie générale des industriels espagnols, mieux disposés à lutter contre la concurrence étrangère par un relèvement factice des droits de douane que par un effort industriel véritable, n'a pas favorisé leur redressement.

M. Jean Baelen étudie tour à tour la situation des différentes

———

1. Principaux traits du développement économique de l'Espagne par Jean Baelen. — Bibliothèque de l'Ecole des Hautes Etudes Hispaniques. — Feret et fils à Bordeaux et Ernest Sagot et Cⁱ° à Paris, éditeurs.

branches de l'activité économique espagnole à la fin de 1923. Il n'insiste pas longuement sur l'agriculture car il ne croit pas que ce soit par elle « qu'une nation moderne puisse s'assurer dans le trafic international une position prééminente ». Il examine cependant avec attention les améliorations désirables et préconise en particulier le reboisement qui n'est pas un remède onéreux et se révèle même « souvent d'un immédiat rapport ». Mais c'est surtout le développement de ses industries que le gouvernement espagnol doit favoriser pour assurer la prospérité économique du pays.

M. Jean Baelen estime — et ce point intéressera particulièrement les lecteurs de la Revue de l'Université — que la première condition du développement économique de l'Espagne est l'existence d'une élite capable d'assurer l'organisation et le fonctionnement administratif et technique des différentes entreprises à créer ou développer. Or l'Espagne, ne possède point de « classe moyenne » d'une importance comparable à celle qui soit la puissance de notre pays. Le premier souci du gouvernement doit être la formation de cette élite nécessaire et la création des écoles supérieures qui manquent complètement en Espagne : écoles d'administration, écoles techniques d'ingénieurs, écoles de perfectionnement agricole ou maritime, etc... Avec l'éducation, l'Espagnol qui n'est point, comme on le dit souvent, paresseux, acquerra sans doute aussi l'esprit d'entreprise dont il se trouve actuellement assez dépourvu.

Après nous avoir donné de nombreux renseignements sur les différentes industries espagnoles, M. Baelen nous indique quelles sont les principales dont, selon lui, le développement paraît le plus digne d'être suivi et encouragé parce que favorisé par les conditions naturelles ou la tradition : industries minières, métallurgie ; industries hydro-électriques et industries textiles. Il ajoute que l'une des principales conditions du progrès de ces différentes industries est une meilleure organisation préalable du régime des transports.

Le réseau routier de l'Espagne paraît en effet insuffisant. Le système ferroviaire est encore assez rudimentaire et il est caractéristique à cet égard qu'aucune voie directe ne relie encore Valence et Madrid. Le développement des voies ferrées est d'ailleurs en partie subordonné à celui de l'industrie hydro-électrique. M. Jean Baelen nous donne à ce propos de précieux renseignements sur les programmes de constructions parallèles de lignes nouvelles et d'usines hydro-électriques.

La marine marchande de l'Espagne qui se trouvait être la cinquième du monde il y a trente années ne figure plus même aujourd'hui sur le tableau des dix premières. Son relèvement préoccupe vivement le gouvernement. M. Baelen estime qu'il est surtout subordonné à la création « de centres officiels d'instructions pour le personnel maritime ». Ici encore, c'est le manque d'éducation professionnelle qui est sans doute la principale cause de la déchéance.

Le développement industriel de l'Espagne ne sera d'ailleurs possible que si l'Etat l'aide et le favorise. Mais si le protectionnisme peut être nécessaire lorsqu'il s'agit de protéger une industrie naissante et d'intérêt général, il est néfaste et encourage l'inertie quand il est appliqué mal à propos. Comme le dit fort justement M. Jean Baelen, « les subventions exagérées n'ont pour résultat que d'endormir l'esprit d'entreprise en supprimant la nécessité de l'effet ». Une organisation bien entendue du « crédit industriel » contribuera certainement plus au développement de l'industrie espagnole que des « mesures de protection douanière ».

Il conviendra aussi que la situation budgétaire de l'Etat soit assainie. Il est déplorable que le budget espagnol soit chaque année déficitaire. M. Jean Baelen estime avec raison que la principale cause du déséquilibre est le caractère excessif des dépenses militaires qui atteignent 35 % de l'ensemble de celles inscrites au budget. Le luxe coûteux et inutile d'une armée considérable « retarde d'une façon dangereuse le progrès économique de l'Espagne ».

Telle était la situation lors de l'avènement du directoire militaire. Il est difficile de prévoir, d'ores et déjà, s'il réussira dans la lourde tâche qu'il s'est assigné, de régénérer l'Espagne. Nous savons qu'il a fort à faire pour y parvenir. En tous cas, il est certain que le « coup d'Etat s'est fait contre tout ce qui a le plus nui au progrès du pays : compromissions politiques, gâchis financier à l'intérieur et au Maroc, politique douanière suspecte dans sa tendance, indiscipline sociale ». Aussi, peut-on espérer avec M. Jean Baelen que si « ses nouveaux maîtres ne faillissent pas à leur œuvre, on peut raisonnablement prévoir que l'Espagne reprendra bientôt, parmi les puissances du monde, la place que ses ressources naturelles et ses réserves d'énergie lui permettent d'ambitionner. »

Louis Le Sidaner.

LA PENSÉE ET L'ŒUVRE DE ALFREDO ORIANI

Je me sens tellement inférieur à ma tâche, par la grandeur du sujet que j'ose affronter, par la diversité de mes occupations habituelles et par la difficulté de la langue étrangère, que je serais impardonnable si une forte raison ne m'avait pas obligé à accepter la flatteuse invitation de la *Revue de l'Université*.

La raison qui m'a entraîné comme un devoir de patriotisme, a été l'ignorance dans laquelle a été jusqu'à nos jours, le public français, du nom et de l'œuvre de ce héros de la pensée nationale italienne qui s'appelle Alfredo Oriani, né à Faenza, mort à l'âge de 57 ans, le 18 octobre 1909 dans sa villa « Il Cardello » à Casola Valsenia (Romagne).

« *Poi che la carità del natio loco mi strinse...* » comme dit le Dante — poussé par l'amour de la patrie, de cette Romagne, cette terre « *forte et gentille* » — qui a donné dans le XXe siècle des rejetons si sains, si vigoureux, à la littérature, à l'art, à la politique, de cette Bologne qui s'est trouvée toujours à l'avant-garde de la pensée et de l'action, ardente dans ses impulsions de parti, soit politique, soit littéraire, soit musicale, je devais à mon grand compatriote cet hommage modeste, petite branche verte que je pose sur son tombeau, en attendant qu'un écrivain plus digne vienne réhabiliter complètement la figure michelangiolesque de ce grand homme, dont les mérites d'homme de lettre ne sont que les moindres.

Il est inconnu aujourd'hui aux français, mais il a été inconnu, méconnu, même en Italie, pendant toute sa vie. Ce n'est seulement que depuis quelques années qu'on commence à le lire, à le comprendre, à l'admirer. Le beau geste du Chef du Gouvernement italien, M. Mussolini qui, parmi ses premières pensées de renouvellement moral et politique de l'Italie, a ordonné la publication complète des œuvres de Oriani, est le meilleur éloge de ce précurseur, de ce maître incompris qui — *vox clamantis in deserto* — avec une rudesse où passaient des éclairs de génie et des impulsions de sauvage, reniait la médiocrité de son temps, se révoltant aussi bien contre l'arrogance des grands que contre la lâcheté des petits ; amer, ironique, paradoxal, autoritaire, définitif.

Je le vois encore avec sa figure imposante (ainsi que je me figure ces cardinaux-guerriers de la Renaissance, qui portaient cuirasse et discutaient avec subtilité de philosophie), déjà un peu courbé par l'âge et les désillusions, la tête un peu penchée comme pour écouter les pensées qui lui montaient du cœur, la barbe grisonnante, la pipe à la bouche, se promener dans Bologne à la recherche des quelques amis qui l'aimaient. Quand cette nostalgie le prenait, il descendait de son hermitage du « *Cardello* » près de Faenza, à bicyclette et venait passer la journée au « *Caffé di S. Pietro* » ou à celui « *delle Scienze* », son torse herculéen serré dans un chandail de laine, et portant la casquette et la culotte du cycliste.

C'étaient les premières années de ce xxᵉ siècle, au moment où il écrivait ses dernières œuvres, où il a mis tout le fond de son âme, presque le testament, de sa vie agitée, qui, après la tourmente, avait retrouvé dans le calme de la résignation une netteté de vision qui avait du prophétique. Loin des littérateurs qui n'avaient pas su ou voulu le comprendre, des politiciens qui étaient trop loin de ses idéalités, des journalistes qui avaient fait contre lui la conjuration du silence, il se plaisait à venir s'asseoir dans notre groupe, en cette petite côterie d'artistes qui se réunissaient le soir autour du dernier survivant de l'idéalisme artistique. Je parle d'un autre génial inconnu, Alphonso Rubbiani, âme d'esthète raffiné, d'un goût et d'une culture des plus aristocratiques, qui apportait dans la dévotion aux choses de l'art et de la nature les traditions naïves d'un Saint François et d'un Ruskin.

A l'arrivée d'Oriani, un motif d'art, une critique, une allusion historique, une phrase quelconque étaient suffisantes pour qu'il prit la suite de la discussion et, petit à petit, d'une idée à l'autre, qu'il s'élevât à des jugements d'ensemble, établissant les points de rattachement avec la tradition de la philosophie ou l'histoire, créant des rapprochements et partir d'un vol superbe, avec une logique serrée, rehaussée de citations et de dates, vers des considérations esthétiques d'ordre social ou métaphysiques qui nous laissaient stupéfiés et ravis. Gare si, au cours de ces brillantes improvisations, un de nous, avait la malencontreuse idée de polémiquer avec lui ou de vouloir le mettre dans l'embarras, et se permettait de lui opposer une raison qu'il jugeait déplacée ou un mot d'esprit déconcertant : il changeait alors de registre ; avec un sourire ironique il sortait tout le sarcasme dont il était souverainement capable, et à coups de phrases précises, terrible de logique et de sagesse, qui étaient des coups d'épingles quand elles n'étaient pas coups de massue, il démolissait, il assommait son adversaire, qui n'osait plus regarder devant lui qu'au moment où Oriani, lui tendant la main et, avec son sourire de bonté, lui permettait encore de vivre pour l'amour de l'art.

Il était d'une éloquence étourdissante : les images s'animaient, nettement ciselées dans la clarté de sa parole et les visions, même les plus abstraites, sortaient déjà habillées et armées comme Minerve de la tête de Jupiter, car ses idées sur la vie, sur la société, sur les lois de la nature, longuement élaborées dans sa conscience morale et esthétique, avaient rejoint un équilibre parfait, une cristallisation adamantine.

Ses réponses inattendues, ses définitions paradoxales, ses bons mots pleins de sagesse et de philosophie ne se comptent pas : les anecdotes de sa vie se racontent par milliers ; ce ne sont que les étincelles qui jaillissaient de ce volcan toujours en activité.

A Bologne, il avait rencontré Giosué Carducci, au temps où ce dernier rebâtissait sur les ruines des châteaux romantiques le temple de la beauté payenne ; il l'avait admiré, mais il ne l'avait pas approché : trop différente était leur poésie, leur esthétique, leur politique. Il s'était plutôt lié avec l'ancien ministre Marco Minghetti, le professeur De Meis, le baron Baratelli, homme de goût très sûr et cultivé et le polémiste et esthète Enrico Panzacchi, mais tous, l'un après l'autre, étaient morts sans crainte d'être remplacés dans le cœur sensible, mais renfermé dans un bloc de granit, de ce grand solitaire.

Fier, seul, méconnu de la foule parce que trop au dessus et en dehors de son époque, d'une érudition et d'une culture encyclopédiques qui lui servaient pour établir la courbe fatale de l'histoire de l'humanité et suivre son tracé idéal dans l'avenir, il avait senti le besoin d'écrire.

Pour qui ? Pourquoi ? « *Perchè dunque scrivo ?* » se demande-t-il un jour ? Et il nous donne la réponse désolante :

« Anche questa è una contraddizione del nostro spirito, che nei
« troppo lunghi soliloqui finisce col rivolgersi ad un fantasma pel bi-
« sogno supremo di non esser solo e di sentirsi almeno dinnanzi il
« silenzio di qualcuno che, ascoltando, *gli rattenga il pensiero nei li-*
« *miti della parola.* Solamente coloro che sono soli possono compren-
« dere la necessità di parlare e di scrivere ad un fantasma senza nem-
« meno fingersi il suo aspetto. »

Quelle leçon pour la plupart des écrivains dont la vanité ou l'intérêt sont les seules inspirations, et qui forment les groupements de résistance pour exclure et boycotter (c'est le mot d'usage) les produits du génie qui crée une forme de beauté nouvelle sous l'impulsion de sa propre douleur, ou sous la poussée irrésistible des idées qui tourbillonnent dans son cerveau !

Tel est le cas d'Oriani. La tragédie de son existence, de cet homme de cœur qu'on a jugé pendant longtemps comme un cérébral, commença bien vite, car il ignora l'amour d'une mère (qui lui préférait son frère aîné) et cette soif inassouvie d'affection et d'idéalité l'a suivi, l'a hanté pendant toute sa vie. Dans toutes ses œuvres on retrouvera ce cri d'enfant délaissé, cette sourde rancune qui a aigri ses premières illusions et donné aux premiers écrits ce caractère de révolte, de vengeance, de rébellion de l'esprit et de convulsion des sens. Plus tard quand chez les autres, *toutes* les illusions de la vie tomberont l'une après l'autre, sa vitalité rebelle éclatera en sarcasme et en blasphèmes jusqu'au moment où, ayant bu jusqu'à la lie la coupe de la douleur, il retrouvera en lui-même, dans sa fierté, dans sa grande âme, plus profonde que la désolation, plus haute que le désespoir, le chemin qui conduit aux plus hauts sommets.

Il surgira, il s'élèvera, en planant, telle un aigle, bien au-dessus de tous les hommes de son temps.

***

Il m'arrive souvent de penser que l'histoire de l'individu répète en elle-même, en raccourci, les phases de l'histoire de l'humanité; la vérité de cet axiome est générale, mais le développement de cette courbe d'évolution varie d'après les conditions intellectuelles de l'individu. Chez l'homme normal elle rejoint le niveau de son temps à l'époque de la maturité, chez d'autres êtres plus débiles elle se développe plus lentement, et souvent elle s'arrête aux notions primitives et même élémentaires; chez l'homme supérieur elle progresse, elle avance, elle dépasse son temps. C'est à ces génies que la civilisation doit son avancement : ce sont ces précurseurs d'avant-garde qui nous montrent le chemin, c'est à ces éclaireurs de l'humanité que sont confiés le flambeau, le drapeau du progrès intellectuel et social.

Tel est le rôle, tel est le mérite d'Alfredo Oriani; rôle que son temps lui refusa, mérite que nous devons aujourd'hui lui reconnaître.

L'époque dans laquelle il vécut, fut une époque d'incertitudes, de doutes, de transactions. L'unité de l'Italie s'était accomplie depuis peu avec un mouvement si rapide, après une prostration millénaire, que les esprits s'étaient trouvés presque désorientés. Il restait tout à faire : la vie de l'Etat et celle des individus, les richesses matérielles et spirituelles; les nouvelles générations avaient presque perdu le sens de continuité avec celles qui les avaient précédées; politique, science, philosophie, religion, tout semblait également lointain et insaisissable, de telle sorte qu'il se produisit un défaut d'équilibre, un état pénible d'incertitude et d'égarement dans tous les champs de la vie.

Dans le tâtonnement nébuleux des esprits on crut opposer le positivisme à l'idéalisme, la science à la foi, la littérature naturaliste à la romantique; dans la politique, l'inaptitude, l'intrigue, le manque de courage préparaient des pages douloureuses pour la renommée de l'Italie.

Oriani, préparé à la lutte par les études de droit, qu'il avait accomplies à Naples, le cœur encore saignant de sa jeunesse meurtrie, outré dans son excessive sensibilité par la lâcheté et la décadence de son milieu, commença à écrire. Ses premières paroles sonnent après, violentes comme un défi. Il commence en niant, en contredisant, en accusant — il est tour à tour pessimiste et obscène, méfistophélique et blasphémateur : il scandalise les « *manzoniani* », bien-pensants sans plaire aux néo-classiques qui blâment son incorrection, son manque de mesure, sa brutalité, sa spontanéité. Après l'indignation, ce fut le silence, ensuite l'oubli.

En politique, ce fut le même succès. Les politiciens ne lurent même pas ce document critique de premier ordre qui constitue sa « *Lotta politica* » : elle était trop profonde ou trop élevée; elle disait trop de vérités pour qu'on osa l'applaudir et l'applaudissement aurait signé la condamnation des hommes qui guidaient le sort de l'Italie.

Il fallait d'abord nettoyer les écuries d'Augias; il fallait d'abord assainir la morale et la vie politique pour oser exalter ces théories et crier avec la ferveur et la pureté de cœur d'un croyant la destinée fatale, inévitable, de la grandeur de l'Italie. Oriani en avait la foi inébranlable : nationaliste non par parti-pris, mais par conviction logique et par tradition historique, il a été le philosophe, l'apôtre de la rédemption actuelle; il la sentait proche, mais dans l'humilité de son être devant l'histoire, il prévoyait qu'il ne serait qu'une pierre de ce monument. Cette pierre n'aurait dû être que celle de sa pensée; cette pierre est aujourd'hui sur son tombeau, et elle attend la résurrection.

« Chiunque tu sia, che applaudiranno domani, tu sarai fatale a noi
« tutti, giacché i nostri abbozzi, spariranno nelle tue opere e i nostri
« nomi si perderanno dentro il fracasso del tuo. Larve del dilucolo
« noi spariremo all'alba; manovali innominati, che ammassammo la
« sabbia e i mattoni, moriremo appena arrivi l'architetto del nuovo
« monumento. »

Il y a dans le dévouement de cette abdication, dans l'esprit de son sacrifice tout le contraste de l'homme résigné à son sort mortel, de l'homme qui ne connaît que la douleur et le principe qui survivra, l'idée qui restera immortelle aux siècles. La douleur, le sacrifice resteront pour lui les synonymes de vie, les raisons mêmes de la vie et du progrès de l'idée.

Telle est la loi des héros. Quelle que soit l'idée pour laquelle ils s'immolent ou le faix sous lequel ils succombent, la tragédie des héros ne change pas. Seulement le sacrifice des meilleurs peut rendre intelligible aux foules le secret de la loi que l'histoire vient de réaliser. Qu'importe si le peuple inconsciemment injuste et cruel maudit le héros, ou l'ignore ?

Ne les plaignez pas — nous dit Oriani. — Laissez à leur martyre, le Christ, Socrate, Dante, Colombo, Napoléon, Garibaldi, le mystère de leur sacrifice n'est que la rédemption des générations qui les suivent, et de toutes les destinées humaines la plus tragique est la plus digne d'envie.

*
* *

La souffrance, pour l'Oriani de la dernière époque, est devenue, non seulement une nécessité fatale, mais le facteur plus actif de l'art et de la poésie. Il faut en saisir la beauté, il faut la subir avec la soumission, avec la sérénité de St. François d'Assise. Dans un chapitre du roman « *La bicicletta* » il adresse la parole à ce dernier :

« [Voi intendeste] soffrire per soffrire, giacché per soffrire era
« inevitabile, ma trovando nella sua inesprimibile intensità il trionfo
« di quella contraddizione che Cristo aveva significato sulla croce.
« Egli aveva attraversato il dolore come una prova, e voi [St. Fran-
« cesco] lo accettaste come una festa; egli aveva amato tutti gli uo-
« mini e voi amaste tutte le cose, perché anch'esse soffrono, perché
« anche la pietra ha dei gemiti e il mare dei singhiozzi. Soffrire sino
« alla morte che chiamaste sorella, soffrire come la legna che ci con-
« torce per diventare fiamma, soffrire in tutta la carne per liberare
« lo spirito che vi è prigioniero, ecco la vostra redenzione, o nuovo
« Messia della miseria, veramente figlio dell'Uomo.

« Da Dante che suggeri' a S. Tommaso il vostro elogio in para-
« diso a Carducci che vi canto' morto nel più bello forse dei suoi so-
« netti, tutti i poeti furono tocchi dalla nostra fiamma... Come colui che
« trionfa della seta ubriacandosi, voi avevate divorato ingordamente il
« dolore cantandone tratot tratto la purità d'alimento e la forza rige-
« neratrice che ci rende degni della morte.

« Che importava tutto il resto ? »

Quelle importance en effet ? Quand on a gravi, comme Oriani tout le Calvaire des désillusions, des désenchantements que la vie vous tend inlassablement et qu'on a eu la force morale, l'intelligence de se faire de tout cela un socle, un piédestal pour s'élever au-dessus de toute la misère humaine et planer dans des régions aussi élevées, aussi pures, tout le reste est mesquin, tout le reste est vanité.

*
**

Oriani a écrit peu de poésies : il en publia seulement un recueil très médiocre dans sa jeunesse, mais plus tard, quand il trouva le chemin de son cœur, son lyrisme poétique, qui atteint parfois des altitudes magnifiques, jaillit sous l'impulsion de la mélancolie et de la tristesse, sans cependant qu'on puisse nullement, comme quelqu'un prétend, lui reprocher du romantisme.

Il y a dans le volume « *Fino a Dogali* » des phrases qui ont la majesté symbolique des versets bibliques ; je crois qu'en poésie on n'a jamais pu donner une sensation plus profonde : on pense à Dante ou à Byron. C'est la description de la « *via Emilia* » de cette route millénaire, qu'il suit vers le soir, un de ces soirs où son cœur serré s'ouvre à toutes les nostalgies, à toutes les désolations :

« Il paesaggio era solenne, l'ora severa.

« In quel momento nessuno passava per la strada.

« Un tumulto di memorie, di pensieri, di sentimenti mi sopraffece.

« La via Emilia immensa e vuota mi si allungava davanti; non un
« rumore passava nella sera, non una forma saliva dai campi.

« Il cielo plumbeo sembrava aver perduto persino il ricordo degli
« astri, sulla terra bruna erano cessati tutti i colori ed i moti della
« vita. Una inerzia crepuscolare copriva la natura arrestandone l'in-
« finita instancabile varietà, e la via Emilia, aperta per essa da una
« storia di quasi tremila anni, altrattanto nuda e deserta, pareva an-
« nunciare che anche la storia era finita. Una stessa sera conchiudeva
« le date dello spirito e i giorni della materia, le epoche della terra ed
« i secoli della civiltà. Ero solo, ero l'ultimo. »

On dirait qu'un frisson de mort passe dans l'air : presque une terreur de prochain cataclysme ; un écho de l'apocalypse.

Comme un chef-d'œuvre de peinture, en dehors et au delà de maîtrise technique son sujet contient quelque chose d'indéfinissable en profondeur, qui est comme le reflet de l'âme de l'artiste, le signe de la paternité, de même les lignes d'Oriani ont un contenu spirituel qui déborde des pages et vous suggère les pensées qui les ont animées ; le style n'est plus qu'une fatalité nécessaire ; chaque phrase est un volume, chaque mot résume un monde.

*
**

La production littéraire d'Alfredo Oriani a été très variée — elle va de la nouvelle au roman, à la pièce de théâtre, à l'article de journal, à l'œuvre historique et critique. — Cette production est échelonnée entre sa vingt-deuxième année et la veille de sa mort. D'autres ouvrages sont encore inédits. Elle peut se diviser en trois époques, qui correspondent aux phrases d'évolution de son esprit. La première est aggressive, violente, cynique, c'est la lutte contre tout et contre tous.

L'accueil que le public et la critique réservèrent à l'apparition des premiers volumes ne pouvait pas être encourageant : l'intransigeance extrême, la sévérité avec laquelle il jugeait les hommes et le mépris de la médiocrité, étaient insultants pour les caractères souples, les esprits terre-à-terre, les médiocres. Il fallait être à sa hauteur ou avoir un don de double vue pour apprécier ce qu'il y avait derrière les mots cinglants de ce nouveau Messie qui jetait des pierres contre le système organisé des petits intérêts, des petites malpropretés accommodantes, des petites compromissions cachant la vanité et l'arrivisme. Naturellement on retourna contre lui la même sévérité dont il usait envers les autres : on jugea les défauts de style et de correction de l'écrivain, il eut une mauvaise presse, il perdit ses amis, le public le délaissa ; jamais pendant sa vie il ne put le reconquérir.

Les premières œuvres ne sont que l'explosion désordonnée et désorientée de son impulsion : tout est rebellion incoercible, tumulte de problèmes universels et individuels qui lui travaillent le cerveau et pervertissent son évaluation morale de la vie, troublant ses sens et ses sentiments.

Les « *Memorie inutili* » sont sa première bravade, mais il la condamne lui-même en écrivant, dans la préface, ses propos : « Ecrire « pour écrire ; pas de but, pas de philosophie. Etourdir l'ennui, voilà « toute la raison ; et que la société, cette vieille bouffonne, maudisse « tant qu'elle voudra. »

C'est le scepticisme brutal, la boutade rhétorique, et le roman est artificiel, exagéré dans le caractère des personnages, cérébral, faux.

Les mêmes défauts se rencontrent dans les romans suivants : « *Al di là* », « *Gramigne,* « *No* », et même dans les quatre nouvelles du Quartetto : on y trouve exagération et exaltation de tous les sentiments, recherche de l'effet, les caractères sont invraisemblables, les sensibilités morbides et presque spasmodiques, les négations violentes les valeurs bouleversées et la forme remplie d'images étranges et paradoxales.

Dans cette période tumultueuse de son esprit, il n'a pas encore trouvé son chemin ; le cœur n'anime pas son œuvre et elle reste par conséquent vide et factice — l'artiste et le penseur sont encore étrangers l'un à l'autre ; l'âme est absente.

On a souvent placé l'Oriani de la première époque parmi les naturalistes les plus audacieux. — Non — ses personnages ne sont pas pris dans la vie, ne sont pas étudiés d'après nature — ce sont des créations de sa fantaisie ; le verisme de ses descriptions est tiré de son imagination, et c'est justement là leur péché originel. C'est un mécanisme galvanisé dans son cerveau, auquel manque encore le souffle vital ; Oriani n'a pas encore puisé dans les sources plus profondes, plus sincères de son âme.

Jusqu'ici le contraste est évident entre l'écrivain et l'artiste, entre sa vie cérébrale qui le pousse à la lutte de destruction et celle de son cœur où il serre jalousement tout un univers de poésie et de rêves.

La période de transition, ou l'équilibre commence à s'établir est marquée par un ouvrage critique qui intéresse particulièrement la littérature française. C'est son « *Matrimonio* » qui est une réponse à l'œuvre de Dumas fils, mais l'exubérante polémique, la richesse d'idées, le contenu philosophique complètement développé et documenté, les considérations sur la femme et la famille, cette pierre angulaire de la morale humaine, font de cette œuvre la première marche de l'ascension de l'esprit d'Alfredo Oriani.

Dans le roman qui suivit « *Il Nemico* » de sujet russe, il se laissa aller encore, entraîné par les situations et les personnages, aux mégalomanies fantaisistes des premières œuvres, contraint aussi par la conception optimiste de l'avenir de la puissance russe (on était encore en 1894 !) ; mais les études historiques auxquelles il se dédia ensuite, qui lui permettaient de planer au-dessus des époques et de rechercher les raisons psychologiques des événements, accomplirent l'admirable cohésion de son esprit avec son cœur.

Les résultats de ses recherches furent : 1° le volume qui a comme titre « *Fino a Dogali* » qui est un recueil de pensées et de recherches d'histoire, qui vont du lyrisme de la « via Emilia » à l'examen plus approfondi de la pensée de Macchiavelli — una piccola anima in un grande ingegno —; 2° « *La lotta politica in Italia* ».

Cette dernière a été le travail de deux ans et n'aurait trouvé d'éditeur qu'à la condition de couper le dernier chapitre, qui contient des réflexions cuisantes sur la direction politique italienne de son temps, mais Oriani l'imprima à ses frais, sans pour cela obtenir d'être discuté, critiqué, admiré. Les plus grands hommes du moment ne lui envoyèrent que quelques billets de remerciement, quelque félicitation glacée, et... la plupart des exemplaires restèrent invendus.

Cependant la « *Lotta politica* » est un tableau de singulière puissance de la vie italienne au cours de plus de quatorze siècles, vif et amusant comme un roman, précis et irréfutable comme un ouvrage scientifique.

En pénétrant l'âme de l'histoire, Oriani en revivait les mêmes luttes, il s'enivrait des mêmes passions, souffrait et se réjouissait avec les hommes du passé, il frémissait avec eux d'amour et de haine et reconstruisait ensuite à grandes lignes, objectif et sévère, le grand drame de l'humanité.

Bien des figures historiques dont la tradition avait faussé le profil, sont remises à la place qui leur est due : Catilina, il duca Valentino, Ezzelino III da Romano, Napoléon, Ignace de Loyola, Cola da Rienzi ont été analysés, disséqués avec la pénétration d'un savant et l'intuition d'un artiste.

Sa prose s'est faite plus précise, plus nette, plus claire ; à coups de pinceau, synthétiques, il élève le caractère des descriptions au niveau d'un drame.

Je n'en veux pour preuve que cette page de la retraite de Russie (dans le volume : *Fino a Dogali*).

« ...Il medesimo eroismo che aveva incendiato lungo la marcia
« dei francesi ogni villaggio, brucia Mosca; il più grande incendio
« della storia illumina la più breve delle sue conquiste.

« I Russi già chiedenti pace a Smolensko la ricusano a Mosca;
« la ritirata è inevitabile ed impossibile. L'esercito cinque volte deci-
« mato riprende la via di Parigi lontana come un sogno; ma la Rus-
« sia insta feroce ed innumerevole da ogni banca a Malo Jarosla-
« wetz gl'italiani salvano il passo alla grande armata : la confusione
« del terrore penetra nelle fila fracassate dei suoi reggimenti, che non
« trovano più nè generali nè bandiere, non hanno più armi nè viveri,
« ignorano le strade e non s'intendono l'un l'altro, non sanno an-
« cora il perchè della prima vittoria e non impararanno mai la
« ragione di quella suprema sconfitta. Poi la neve bianca fredda
« incessante acciecante confonde cielo e terra, copre cavalli cannoni
« strade fossi fiumi villagi città campagne, cancella gradi, gela
« armi, mani occhi parole cuore pensieri. L'esercito non è più che
« un'orda; la Russia non è più che una bufera; la follia della morte
« sibila fra il silenzio della neve che cresce sotto i piedi e sulle
« spalle abbattendo i vivi e seppellendo i morti. I cosacchi turbi-
« nano, si lasciano dietro qualche macchia di sangue che la neve
« nasconde prontamente e scom paiono nella neve.

« Solo Napoleone, pallido, più terribile di quell'uragano, più
« freddo di quel gniaccio, più grande di quel silenzio, cammina alla

« tesia di tutti, pensando ancora. La sua guardia stretta dietro di lui,
« pare un corteo di ombre dietro un fantasma. »

On reconnaît que l'écrivain et le penseur sont bien proches de leur
maturité. C'est la troisième époque. Depuis ce moment, Oriani révèle
sa véritable personnalité, il maîtrise son style, il marche droit devant
lui.

C'est ainsi qu'il écrira les œuvres admirables de « *La Gelosia* », « *La
Disfatta* », « *Vortice* », « *La bicicletta* », « *Olocausto* », « *Oro incenso
e mirra* », « *Ombre d'occaso* » et la « *Rivolta ideale* » qui avec les deux
volumes d'articles « *Fuochi di bivacco* » nous dévoilent toute la grandeur du génie.

A ce moment il prêta à beaucoup de ses personnages ses propres
pensées, ses propres sentiments, de sorte qu'il en ressort le tracé presque autobiographique de sa propre âme. Cet artiste qui aimait la sin-
cérité jusqu'à l'imprudence, la vérité jusqu'à l'impudence, met une
telle naïve effusion de lui-même dans chaque page, qu'une autre qualité en surgit naturellement : la génialité, déterminée par un subjecti-
visme plus profond et par une simplicité voilée de douce mélancolie.

Ecoutez cette strophe d'églogue, cet appel à la première hirondelle
qui vient se poser sur les volets de sa chambre au retour du printemps :

« Vuoi tu barattare le tue ali col mio pensiero ? Tu avesti un nido,
« io no; tu potesti amare la mia grondaia alla quale l'inverno sos-
« pende così, lunghe lagrime di ghiaccio quando dentro la casa un
« altro freddo vi rende la solitudine ancora più tetra, perchè trascor-
« revi allora libera sui paesi della giovinezza e del sole. »

Comme on sent que si la prison qu'il s'est imposé pour être seul
avec son infini est le refuge de son esprit (*la gloria,* il dit è *la più alta
delle solitudini*) elle lui met la mort dans le cœur !

L'éloignement des hommes, depuis les plus illustres qui l'ont méconnu, jusqu'aux plus simples qui le traitaient de fou (les paysans de
son village l'appellaient : *e matt de Cardèll*) l'avait rapproché de la nature et dans l'isolement superbe de son ermitage il se laissait aller à
la dérive de sa nostalgie.

A son pauvre cœur, si sensible, si franc, si charitable il avait toujours manqué l'aliment nécessaire : l'amour, l'amour d'une mère,
l'amour d'une épouse. Si l'abandon des hommes exaspéra son esprit,
l'abandon des femmes doubla sa triste tragédie.

« [Il sogno che] infiammandosi ascende per un altro cielo pieno
« di stelle che cantano, di transparenze che abbagliano, sereno come
« la fede è tuttavia mutevole come la speranza che sorvola tutte le
« nuvole ed insegue in ogni fruscio un'altra ala fuggente di sogno.

« Il sogno rinnovato dai poeti nelle generazioni invocando la donna
« bella ed amante, alla quale tutto il cuore possa aprirsi e la mente
« piegare nella stanchezza delle visioni remote, non si formo mai nel
« mio spirito. »

L'amour ne trouva jamais dans sa vie une digne correspondance,
ni dans sa mère, ni dans sa sœur, ni dans son épouse; dans ses romans
par conséquent, si on rencontre beaucoup de femmes et de passions,
l'amour vrai manque.

L'éternel féminin, chez Oriani, il faut plutôt le chercher dans les
faibles créatures de sacrifice, dans les jeunes filles pleines de suavité
et de rêve, dans les mères. Quand la passion s'y mêle l'amour devient
sensuel, il prend la matérialité de l'instinct animal.

Mais dans son cœur, l'amour chante malgré lui et s'idéalise dans
l'art, et surtout dans la musique, qu'il considère comme le suprême,
le plus idéal des arts. A cette dernière en effet il avait consacré son
« Quartetto » où il avait cherché à traduire par des mots, le rêve insaisissable de la musique, poussant l'investigation émotive, jusqu'aux
limites extrêmes consenties à la parole.

Il me faut encore examiner les œuvres de sa dernière époque.

Dans le roman « La Gelosia » il reprend la thèse qu'il avait envi-
sagée déjà dans un livre précédent, c'est-à-dire que l'amour tue toutes
les énergies. C'est l'histoire d'un jeune avocat qui s'éprend de la
femme de son chef et pour elle, qui tout en ayant accepté à la légère
son hommage passionné n'avait pas partagé les sentiments profonds
qu'elle avait su inspirer, il néglige sa profession, quitte l'étude, dé-
molit son avenir et perd même le courage de lutter et de vivre. C'est
la jalousie qui le laboure et le perd, tandis que la femme, comme la
plupart des héroïnes d'Oriani, ne comprend pas, n'est pas à la hauteur de l'amour. Et tout de même cette femme, différente des prota-
gonistes des autres romans, n'est pas trop coupable — elle n'a pas
l'intelligence de la vertu, elle est adultère sans être corrompue, elle est
coquette sans malice, légère comme un oiseau; elle n'a que les défauts
de sa nature, pas ceux de la volonté. Le caractère du mari est plus
noble : on y reconnaît celui de l'auteur.

Le roman « Vortice » c'est la dernière journée d'un homme qui va
se suicider. C'est un raté de l'existence, un vaincu, qui nous intéresse
par l'étude psychologique de son âme malade, dans laquelle l'instinct
de la conservation et les autres instincts de la vie luttent contre sa
volonté de mourir.

« La Disfatta » est le roman de l'esprit, le livre de l'âme d'Oriani.
Toutes les forces de la vie se recueillent, comme par force d'attraction,
autour de la protagoniste, une femme de la meilleure société, Bice, à

laquelle la naissance, le manque de beauté et l'éducation ont enlevé toute matérialité, toute brutalité de désirs, toute vulgarité de sentiments. Le sujet ne rappelle en rien la vie de l'auteur et cependant c'est comme une confession, l'histoire intérieure presque de l'écrivain.

Tout y est pureté, mysticisme, bonté, délicatesse ; ces sentiments sont exaltés, glorifiés, jusqu'à l'apothéose, mais toute leur grandeur ne peut pas lutter contre l'irréparable, ne peut pas se soustraire aux forces brutales de la nature, qui exige le respect de ses lois fatales. Leur prestige est éclipsé, leur délicatesse flétrie, comme une fleur brûlée par un soleil trop vif.

C'est cet aveu résigné : que les plus hautes énergies spirituelles sont les victimes des forces vives animales ; c'est cette constatation douloureuse, écœurante, qui agite l'auteur, qui verse dans ces pages toute la mélancolie de son désenchantement.

La Bicicletta est un recueil de nouvelles et d'articles où Oriani, fervent amateur de ce genre de sport alors en honneur, prend comme prétexte les différentes formes de ce moyen de transport et d'agrément pour broder des aventures, des intrigues, des histoires de voyages qu'il serait trop long de décrire. Du reste cette étude serait bien inutile si je n'avais pas l'espoir, la certitude même, qu'elle vous donnera le désir de connaître et d'admirer dans le texte original, les œuvres de ce grand italien, qui de son temps s'écriait avec tristesse : « *Sono lo scrittore meno letto d'Italia* ».

Ces derniers romans n'avaient pas été suffisants pour créer une réputation à Oriani, mais sa production ne cessa pas, et les chef-d'œuvres de sa dernière époque marquent sa force de volonté, sa fidélité à l'idéal.

Dans « *l'Olocausto* » son dernier et plus puissant roman il retrace le calvaire, en cinq journées, d'une jeune fille, pauvre et mourante, Tina, que la misère et le manque de scrupules de sa mère, poussent à la prostitution. C'est un petit ouvrage émouvant, dramatique, d'une intensité de conception et d'analyse, d'une puissance de pénétration, inoubliables. Il y a des tableaux qui rappellent des eaux-fortes de Goya, des pointes-sèches de Rops, des dessins de Daumier.

Je n'ose pas détailler les nouvelles du volume intitulé *Oro incenso, mirra,* ciselées avec un sentiment tout à fait supérieur.

Ombre d'occaso est un des derniers écrits d'Oriani. Le titre le dit : « Ombre crépusculaire », c'est l'ombre qui commence à s'allonger sur la route pénible de son existence. Les illusions, l'amour, la gloire, tous les rêves ont disparu de son ciel débarrassé des nuages orageux de la vie : il ne brille au zénith que l'étoile du soir : l'idéal. Ce recueil d'articles est remarquable par la note uniformément mélancolique de son contenu : quelle autre chose aurait pu donner en effet son cœur sanglant : *insanguinato come un campo di battaglia ?*

Il attendait la mort, cette mort qu'il aurait voulu trouver au Pôle. Il avait demandé à faire partie de l'expédition organisée en 1899 par le duc des Abruzzes, mais on ne l'avait·pas accepté. Tout lui avait donc été refusé dans la vie !

Dans un dernier effort de stoïcisme, il reprend tout de même encore la plume et, dans l'isolement de sa cellule où sur les murs on voyait les portraits de Balzac et de Mazzini, et sur sa table les œuvres de Shaksepeare, de Sainte-Beuve, de Balzac, de Spencer, de Schopenhauer, il entreprend ses ultimes écrits, qui sont comme le résumé, le testament de son âme.

Comme dans « *La lotta politica* », il est le Guerrazzi, le Ferrari moderne, dans la « *Rivolta ideale* » il est le Vincenzo Monti de la prochaine Italie.

« *La Rivolta ideale* » ainsi que ses derniers « *Fuochi di bivacco* » ne sont pas des livres d'histoire. Ce sont des livres de pensée mais qui présupposent la connaissance approfondie de l'histoire italienne et construisent sur ses vestiges et sur son tracé l'édifice idéal de notre vie nationale.

L'auteur y passe en revue tous les états et toutes les formes de notre société, les instincts de notre peuple, l'esprit de la nation, les institutions actuelles et celles possibles ; c'est le tableau le plus complet de notre vie nationale, dans son développement et dans ses tendances ; l'exposition critique de tous les éléments susceptibles de relever son côté spirituel et consolider la restauration idéale de la vie.

« *La Rivolta ideale* » est un volume ; *Fuochi di bivacco* une suite d'articles, mais ils ont la même signification héroïque.

Arrivé ainsi aux sphères les plus sublimes de la pensée humaine Oriani n'ose pas tout de même affronter le mystère de la vie, il en trace seulement la carte de route en suivant le diagramme que l'histoire lui a permis d'établir.

Il reste « *come un pellegrino ritto sul lido, che guarda le navi allon-* « *tanarsi nella minaccia dell'ombra e cerca collo sguardo le ultime vie* « *aperte dai raggi del sole.* »

Devant la profondeur du mystère de l'esprit « *che sa il nome dell'* « *infinito e indarno dà un nome alle cose delle quali non puo' sapere* « *l'essenza* », il s'arrête ; il n'ose pas pénétrer l'énigme insondable, mais il a l'intuition que la vie humaine n'est pas un cercle fermé, dans lequel on puisse s'isoler avec ses joies, ses satisfactions, ses amours, ses illusions. Si cela était, nous aurions entre nos mains la clef du bonheur et nous pourrions nous enfermer comme un ver, dans le cocon tissé avec la soie tenue de nos rêves : non ; le rythme mystérieux n'est pas accompli : un jour, du cocon sortira au soleil, un papillon...

Oriani se tait, mais son aspiration à l'élévation, nous fait sentir que la solution du problème ne peut être cherchée que dans une sphère supérieure, plus haute, plus proche de l'idéal.

« Nell'ideale soltanto, sia pure una larva dentro un miraggio, è « la bellezza della vita ; se qualche cosa puo' somigliare alla verità, « che non sappiamo, è la virtu' che dà invece di ricevere e muta i « sogni in opere di pensiero. »

« La Rivolta ideale » n'est certainement pas un traité de philosophie ni de politique sociale, mais en étudiant les problèmes angoissants de la société contemporaine, il ouvre la voie à une foule de questions toujours actuelles. Les chapitres sur le féminisme, l'aristocratie moderne, la bienfaisance, la patrie, l'argent sont terribles de logique, synthétiques, substantiels, magnifiques.

Il faut les lire, les lire en entier, et je ne voudrais pas les amoindrir en citant seulement des passages.

Je citerai seulement l'appel final, qui, dans son allure d'emphase épique, a de la vaticination :

« La storia universale sta per accordare nel proprio ritme tutti « i popoli : non vi sono più strani eri, domani non vi saranno più bar- « bari. Nella vita, alla quale tutti parteciperanno, il calore fonderà « gli egoismi più duri e l'alito battendo su le faci più al te darà loro « una luce di astri. »

« Accendete dunque tutte le fiaccole perchè la marcia è già comin- « ciata nella notte e non temete del fumo ; l'alba è vicina. Il suo ros- « sore somiglierà forse a quello del sangue ma è sorriso di porpora che « balena nel manto del sole. »

Alfredo Oriani écrivait ces dernières lignes en 1906, il y a 18 ans, mais bien avant même il avait déjà chanté :

« L'avvenire d'Italia è tutto in una guerra che, rendendole i con- « fini naturali, cementi all'interno, colla tragedia di pericoli mortali, « l'unità del sentimento nazionale. »

Et plus tard : « Se il secolo decimonono, il più grande dei secoli la « inizio' quello ventesimo la compirà forse e tutto munerà nella cos- « cienza e nel pensiero del mondo. »

Et, encore : « La patria che non muore, seguiterà a guardare in- « dietro, in alto, finchè dal suo mezzo non si levi un altra grande fi- « gura a mostrarci il cammino nel secolo ventesimo. »

Est-ce prophétie ? L'histoire dira dans quelle mesure, à quel moment l'humanité achèvera le revirement moral auquel Oriani a dévoué sa vie, a offert sa voix de poète, son apostolat, son martyr ; des événements récents, dont nous, contemporains, ne pouvons pas évaluer toute la portée et la grandeur, nous montrent les signes évidents d'une régénération de l'Italie : l'idée est en marche, le but est sacré : un homme de volonté, de foi, de courage, s'est mis à la tête du mouvement et la partie saine du peuple le suit.

« *Dans la marche ascensionnelle qui doit atteindre les sommets plus* « *élevés du caractère humain, l'individu doit passer par celles du ca-* « *ractère national.* » Ainsi nous dit Oriani et cet homme universel n'appartient à aucun parti, mais il résume, comme les génies de l'histoire, toute une époque, toute une race : il représente l'avenir.

L'individualité n'est qu'un peuple dans un individu, quand cet individu s'appelle Dante, Galilée, Mazzini.

L'avenir, rendant complète justice au héros méconnu, y ajoutera celui de Alfredo Oriani.

Carlo JEANNERAT.

LA PHILOSOPHIE ET LA RELIGION DE DEMAIN[1]

Un livre vient de paraître au sujet duquel on fait grand bruit, et dont on cherche en vain à connaître l'auteur : « La Philosophie et la Religion de demain ». Ce livre considérable et qui semble bien l'œuvre de toute une vie, est certainement le *plus important ouvrage de Philosophie de l'époque actuelle*, et il ne passera pas sans susciter d'âpres critiques, car *il a la prétention de reconstituer une Société nouvelle.* Aucune des Religions existantes ne trouve grâce à ses yeux. Il n'aime guère leurs dogmes, et tout ce en quoi elles peuvent contrarier la raison naturelle. Ces idées triompheront-elles dans 1.000 ans... alors que les hommes auront abdiqué leur bêtise actuelle, si facile à émouvoir et à

---

1. Giard Editeur, 16, rue Soufflot.

transformer en furie, et cesseront de se jeter les uns sur les autres au moindre signal de dirigeants qui restent tranquillement à l'abri — ainsi que Voltaire le faisait déjà spirituellement remarquer au xviiiᵉ siècle — c'est possible ! Il est même probable que d'ici quelques siècles, par suite de *l'interpénétration* de plus en plus complète des *castes* (ce que nous voyons déjà) et, des peuples (mouvement qui avait commencé avec force depuis 1900, et ne tardera pas à reprendre) nous aboutirons non seulement à 'une unification politique de plus en plus grande — l'idée de nation telle qu'on la conçoit encore aujourd'hui dans l'Europe Occidentale s'effaçant pour faire place à des groupes Fédératifs d'Etats à pouvoirs limités au profit de l'intérêt général — mais aussi à une unification religieuse — les grands principes de la morale, la même à peu près partout subsistant.

Il est certain que les Religions qui se haïssent et se méprisent mutuellement, sont souvent moins séparées les unes des autres qu'elles ne le croient. Le célèbre Parlement international des Religions qui eut lieu à Chicago quelque temps avant la guerre ne l'a-t-il pas prouvé ? Très souvent on retrouve même en elles, et surtout parmi les principales — celles qui ont plus de 100 millions d'adeptes, une origine commune, et une similitude de dogmes. Rien n'est plus curieux que de comparer le Christianisme et les Religions de l'Inde, par exemple, et d'y retrouver des rapprochements qui ne peuvent, à mon avis, provenir que d'une tradition originelle commune. Ce sont des faisceaux qui ont dévié, alors que le judaïsme conservait la tradition primitive plus pure. Quoiqu'il en soit peu de livres présentent un tel intérêt, que ce soit au point de vue politique, religieux ou social, car ces trois choses se tiennent, et il les aborde toutes. Il est de ceux qu'un intellectuel, économiste ou sociologue ne doit pas ignorer, et l'on ne saurait trop féliciter M. Giard d'avoir lancé un ouvrage d'une telle importance pour notre époque.

La *Revue de l'Université* fera dans son prochain numéro une étude détaillée de ce livre qui a fait sensation dans les milieux intellectuels.

J. d'A.

LE DANGER AIGU DE L'INFLATION

ET L'URGENCE D'UNE STABILISATION MONÉTAIRE

En face de la crise des changes qui bouleverse la France par ses brusques écarts, il nous semble qu'il serait urgent de faire dès à présent une cure au domaine des réalités.

L'une des principales causes de la crise actuelle a été la facilité du gouvernement de reporter, par veulerie, ses obligations sur l'avenir pour sauver le présent : Arrive un point ou la confiance s'use, d'où crise de crédit.

Le crédit réel est un outil admirable et nécessaire, étincelle de toutes les grandes entreprises. Le crédit fictif qui ne repose sur rien, c'est la mine d'or inexistante qui sert à l'escroquerie et mène à la faillite.

En fait, l'inflation du crédit, en France, s'est exercée dans tous les domaines, en billets, en emprunts, en bons du Trésor, en escompte, en actions... En face de ce déluge de richesse artificielle, le public étonné d'abord, grisé ensuite s'est lancé à corps perdu dans la spéculation ; vient ensuite le réveil : le point dangereux, brusquement, s'est laissé dépasser, alors que le nautonnier endormi s'en doutait le moins.

Les partisans de l'inflation, malgré tout, sont nombreux : ce sont, en général, tous ceux qui en profitent.

Le gouvernement, bien qu'il proteste, ne semble pas trop mécontent de voir une dette écrasante diminuer en même temps que tombe la valeur de la monnaie. Le 3 % ne lui coûtera guère que quelques centimes pour cent : est-ce très honnête cependant ? La facilité de faire des largesses s'accroît avec un budget démesuré : gaspiller un million ne compte pas quand on gère des milliards.

Le commerce et la banque sont ensuite parmi les bénéficiaires passagers. En fait, chaque fois qu'un billet nouveau est émis morcellant davantage le gage effectif, l'acheteur est dépouillé d'autant vis-à-vis du vendeur qui n'a aucune raison de se contenter d'une évaluation en valeur fictive, et les prix s'établissent rapidement d'après le crédit réel. Le consommateur, étranglé alors par la loi du cours légal devient une dupe.

Les exportateurs font d'importantes affaires étant donné que le change profite à l'Etranger : on oublie de dire que c'est aux dépens de leurs nationaux qui voient partir à d'autres, sans espoir de retour, leurs économies et leurs richesses dont ils ne peuvent plus jouir eux-mêmes.

Tous les débiteurs enfin se réjouissent de l'inflation : la loi humaine ne se contente que de la forme ; les contrats continuent à être applicables à la lettre ; la justice devient ainsi illusoire, et se retourne contre l'une des parties ; l'aveuglement à cet égard de nations civilisées restera certainement dans l'avenir comme un monument d'inconscience.

Il n'est pas étonnant, dans ces conditions, que l'inflation ait aussi de nombreux ennemis : ce sont tous ceux qui ont le sentiment d'être injustement dépouillés, et qui songent à l'instabilité préparée pour l'avenir ; tous ceux, trop confiants, qui ont signé des contrats payables en leur esprit en monnaie fixe, et qui ne sont remboursés de par la loi, qu'en monnaie de singe. Le jeu de mots servait jadis aux rois des romans de chevalerie d'antan pour s'exonérer : il reste encore valable à une époque où le pouvoir législatif déclare avec gravité que quinze ou vingt centimes valent le franc.

Mais ce ne sont pas seulement les personnes lésées qui s'élèvent contre une mesure déloyale : les économistes déclarent à juste titre que nul équilibre n'est possible pour un budget lorsque la valeur de l'unité monétaire varie à chaque instant, que l'inflation appelle l'inflation, de même qu'un prodigue est dupe lui-même de sa prodigalité. Les moralistes s'affligent aussi d'une situation qui bouleverse une société, crée arbitrairement des haines et des misères.

*
* *

Certainement, il est naturel que ses partisans déclarent l'inflation inévitable, et que toutes les objections que l'on peut y faire ne sont que des lieux communs. C'est une façon de faire accepter sans trop de murmures une situation dont ils comptent bien tirer parti jusqu'au dernier moment.

Répétons à nouveau leur argument favori : La circulation, disent-ils, doit être en rapport avec l'ampleur des transactions. D'acord : tant que la circulation est gagée sur un actif certain, cette circulation est légitime, et personne ne s'y trompe. Sitôt qu'elle le dépasse le public n'est pas dupe longtemps de la tromperie : d'où danger certain quand l'inflation sert à masquer un déficit.

La difficulté est de discerner entre l'actif réel et celui qui ne repose sur rien.

L'on dit avec facilité que le crédit de l'Etat repose sur l'ensemble des fortunes particulières, et qu'il ne saurait se comparer au crédit d'une seule individualité. Il importe cependant de se souvenir que le bien des particuliers n'appartient pas à l'Etat qui, au contraire, devrait en avoir la garde, et que s'il s'en approprie une partie contre le consentement de l'administré, c'est abusivement. Le prodigue qui signe des traites n'engage que lui-même : l'Etat engage l'ensemble des particuliers malgré eux, ce qui est plus grave.

Donc l'inflation est un abus contre lequel le citoyen a le droit de s'élever énergiquement, puisque l'Etat, pour se procurer des fonds, souvent gaspillés à l'avance, jette sur le marché une monnaie progressivement arbitraire avec laquelle les bénéficiaires au même titre que l'Etat, peuvent s'acquitter légalement et déloyalement.

En somme, l'inflation est un essai de mensonge : mensonge d'autant plus dangereux qu'il se fait à couvert d'une facade de grande honnêteté. Inutile d'ajouter qu'il n'a qu'un temps : En profitent ceux qui le peuvent, au détriment du reste de la nation. Le rôle du gouvernement est-il vraiment de détruire l'équilibre qui lui a été confié? Et comment cela finira-t-il ?

*\
**

L'Etude de l'histoire et du caractère humain apprend que l'exagération est un penchant naturel. Un gouvernement, même très sage ne peut guère y échapper, et il est très rare qu'un pouvoir sans limite n'aboutisse à un abus.

Or, une monnaie sans étalon réel laisse toute liberté d'émission, et l'on s'aperçoit qu'à travers les âges, jamais la barrière naturelle de la valeur de l'or ne fut dédaignée sans dommage. D'autre part, il semble impossible qu'un gouvernement changeant, à têtes multiples, et, en réalité irresponsable effectivement, puisse y résister sous la pression du lucre qui les entoure.

L'abus en ce qui concerne le gouvernement actuel est certain, et rien ne prouve — au contraire — qu'il ne glissera pas encore davantage.

Quelle en sera la fin si l'on n'y porte pas remède?

Certes, la solution du problème n'est un secret pour personne, mais c'est une réalité pénible qu'on préfère écarter jusqu'au dernier moment. Peut-être alors arrivera-t-il trop tard.

Cette solution ne sera pas laissée à l'arbitraire d'une théorie économique : elle sera celle de toutes les situations analogues à travers les âges. Après l'échec du système de Law, après les assignats, après la débacle de l'Autriche tout dernièrement, ou celle que nous avons sous les yeux en Allemagne et qui ne nous a pas servi de leçon, l'étalon réel sera rétabli.

Cet étalon, c'est la garantie du citoyen contre son gouvernement, l'honnêteté des transactions assurée, la sécurité et la stabilité de l'avenir.

Nulle organisation sociale n'est possible sans étalon monétaire.

Il faudra y arriver tôt ou tard, de gré ou de force.

De gré vaudrait mieux, et plus tôt ce sera, moins péniblement s'effectuera l'opération ; il faut que l'opinion s'y fasse : une stabilisation est nécessaire si l'on veut éviter une débacle complète.

Le franc actuellement fixé à un cours à déterminer, permettra encore au pays de se relever, sinon la nef risque bien de sombrer tout à fait.

Qu'on ne vienne pas dire qu'un budget équilibré rétablira le franc. C'est mettre la charrue avant les bœufs ; disons seulement qu'un franc stable et de bonnes finances économes sont seules susceptibles de sauver la nation.

L'on objectera peut-être également : « Mais où trouver l'or nécessaire ». Nous répondrons : « Les pays presque totalement ruinés qui ont dû en arriver là, en ont bien trouvé, eux ! » La France est sur une pente glissante, une énergie farouche est nécessaire pour braver le péril en face.

Ne serait-il pas bon que les citoyens fassent sentir leur volonté, et déterminent leur gouvernement à une conversion encore possible, conversion urgente, pénible mais nécessaire, seule encore capable d'un miracle.

Martory de Maynard

JEAN MAYODON

En haut d'un coteau Sévrien, flanc des bois de St Cloud, qui autrefois aurait été qualifié pompeusement de montagne, est né et demeure toujours avec ses parents le jeune artiste dont j'ai ici le plaisir de dire quelques mots. Nous nous connaissons depuis longtemps, nous étions alors voisins, lui n'était qu'un enfant, mais son père qui est peintre l'aida certainement à s'orienter vers les beaux-arts. Il fit de rapides progrès dont je fus le témoin. Cet isolement relatif à Sèvres a été excellent pour lui, condition salutaire de recueillement qui oblige à étudier puis à se suivre soi-même, c'est-à-dire à cultiver son propre fond, qui vous met à l'abri des bavardages stériles avec une jeunesse trop mélangée de la grande ville.

Jean Mayodon est complet en ce sens qu'il est peintre, décorateur et céramiste. Il a débuté surtout par les deux premiers états, puis s'est lancé hardiment dans la laborieuse technique du feu. Esprit méthodique et tenace, ses tâtonnements dans cet art furent de courte durée. Maintenant il se possède entièrement et nous pouvons dire qu'il s'est élevé au niveau de ses contemporains céramistes les plus réputés. Sa grande originalité de conception se traduit justement par ses résultats cependant très divers. Comparable aux anciens de diverses contrées et époques il poursuit avant tout le désir de faire, je dirais, ingénument très beau, très séduisant et il réussit fort bien, ce qui n'est pas donné à tous parce que dans bien des cas le vulgaire appelle beau une abominable finition d'objet sans esprit agrémenté parfois de fautives associations de couleurs.

Au point de vue technique, Jean Mayodon est un très habile faïencier, sa matière est solide d'aspect, ceci établi, disons qu'il n'ajoute pas plus d'importance que cela au côté purement matériel, qu'il se soucie fort peu des considérations relatives aux difficultés d'élaboration qui cependant préoccupent certains bien mal à propos lorsqu'il s'agit d'art. Ainsi qu'on ne vienne pas nous dire qu'un pot décoré au grand feu est mieux qu'une belle faïence.

Dès à présent Mayodon n'est plus à faire connaître. Il est très apprécié pour ses poteries mais encore pour ses œuvres d'ordre monumental s'adressant à la décoration de la construction : frises, cheminées, fontaines, etc., et c'est heureux. Ce n'est pas s'aventurer que de lui promettre un grand avenir de ce côté. Son art très large et, là, sobre de tons s'y prête admirablement. Le bas-relief ne lui est pas étranger bien qu'il le conçoive rudimentaire, autrement dit, simplement comme base saillante à ses compositions polychromes.

Il ne m'est pas possible de détailler ici son œuvre céramique, même sommairement, il faut la voir par soi-même. C'est d'ailleurs par la généralité qu'il convient surtout de la juger. Il y a évidemment de lui des pièces plus remarquables que d'autres, mais le soin de les reconnaître appartient à chacun selon son tempérament, même en choisissant au hasard on est assuré de n'avoir jamais qu'une bonne chose.

La Manufacture de Sèvres en la personne de son directeur lui a commandé de beaux vases qui figureront au Musée, c'est assez dire combien il est déjà considéré.

Jean CROS.

« LE LIVRE DE L'IMMORTELLE AMIE » [1]

Un de nos confrères du *Gaulois* et du *Figaro,* le Vice-Président de l' « Œuvre des Poètes Français », dont les œuvres poétiques ont été déjà si remarquées, M. Ernest Prévost, vient de faire paraître chez Jouve, un recueil de poèmes d'une rare beauté. Il y a bien des chances pour que « Le Livre de l'Immortelle Amie » suive la brillante carrière de l' « Ame Inclinée », qui fut couronnée par l'Académie Française.

Je ne saurais résister au plaisir d'en citer quelques passages :

---

1. M. Ernest Prévost. — Jouve et Cⁱᵉ Editeurs, 15, Rue Racine, Paris.

DEVANT MA TOMBE

Non, la mort aux amants n'est pas une brisure.
Non, la tombe n'est pas pour l'amour une fin.
Les âmes qu'elle prend se retrouvent plus pures
Et les corps plus vivants de s'être crus défunts !
Après le jour vermeil où tous les encens brûlent,
Après la volupté mourante au crépuscule,
La nuit vient. Mais la nuit n'est pas même un déclin.
La nuit est un retour à la clarté première.
Non, la nuit et la mort ne sont pas une fin :
Rien ne peut ici-bas éteindre la lumière !
Mon âme vibre et clame et ne veut pas la mort,
    Mon âme a son ciel sur la terre,
Mon âme veut mes bras, mon âme veut mon corps
    Et ne veut pas de son extase solitaire...

PÉLERINAGE

Mère, mère, qui fus à mon âme divine,
Mère, mère qui dors et vois,
    Mère en qui je crois
    Comme à Dieu même ;
    Mère que j'aime,
Mère plus grande d'y voir plus clair,
Ouvre tes yeux, tes yeux de chair !
Vois ces deux enfants qui te viennent
    Par l'hiver
Et par les sentes incertaines,
    A travers
Les ronces de la vie humaine ;
Ces deux élans, ces deux ferveurs,
Ces deux confiances hautaines,
Qui savent leur bon Dieu par cœur
Et dont les cœurs t'appartiennent...
Mère, mère qui dors et vois,
    Mère en qui je crois
    Comme à Dieu même ;
    Mère que j'aime,

Mère plus grande d'y voir plus clair,
Ouvre tes yeux, tes yeux de chair
Sur notre étreinte harmonieuse :
Je te présente en sa beauté,
En sa grâce et sa sainteté,
    Mon amoureuse !

Et ces lignes sur l'enfant dans « Deus ecces Deus », ne sont-elles pas d'un véritable maître :

Voici le Dieu ! Voici l'Eternité !
Je ne gémirai plus sur la détresse
Des corps harmonieux au chaos rejetés.
Je ne clamerai plus la mort de la tendresse
En lapidant la foi dans mon cœur irrité.
Je ne maudirai plus notre faiblesse :
L'enfant qui va venir ravira la beauté,
L'enfant qui va grandir sauvera la caresse !
Mais il faut qu'il soit doux, mais il faut qu'il soit beau !
Mais il faut qu'en ses yeux la force se dévoile,
Car il devra porter l'orgueil et le fardeau
    D'un horizon chargé d'étoiles !
Car il devra porter au-dessus des tombeaux
    L'hymne enchanté de ceux qui s'aiment,
Car il devra porter le myrte et le flambeau,
La prière du couple enlacée aux rameaux,
    L'enthousiasme et le poème...

Souhaitons au « Livre de l'Immortelle Amie », le même succès qu'a eu le « Livre Epique », anthologie des poèmes de la grande guerre, qui a rendu justement célèbre le nom de M. Ernest Prévost, et atteignit un tirage, auquel, jusqu'ici, bien peu de livres de vers ont pu prétendre.

Jean D'ARTA.

« PÉLERINAGES EUROPÉENS »

PAR ANDRÉ GERMAIN

Depuis les *Cœurs inutiles,* M. André Germain s'est affirmé comme un écrivain sensible, mais amer.

Nous devions nous attendre à voir apparaître un jour, un livre de lui, où l'exaltation de ses qualités généreuses et humaines, lui donnerait l'air d'être un pamphlétaire virulent.

Déjà, sa plume caustique, nous avait valu *Portraits Parisiens* et surtout *Têtes et Fantômes.*

Taillés à coups de plumes, d'estoc et de taille, *Têtes et Fantômes* surtout resteront comme l'œuvre d'un styliste naturel, et d'un peintre au sens aigu des valeurs fictives de notre temps d'après-guerre.

Pèlerinages Européens est une revue plus générale, moins personnelle, de notre pauvre vie d'aujourd'hui.

La dédicace que l'auteur adresse à Dona Maria d'Annunzio, n'est que la révélation de ce que sera le livre nouveau.

Je n'aime pas beaucoup, cette façon de dire, en une préface, courte ou longue, tout ce que l'on a sur le cœur. Il me plait mieux, de suivre pas à pas l'auteur, d'être ou de ne pas être avec lui, mais au moins d'avoir la jouissance des découvertes.

Je me refuse à analyser *Pèlerinages Européens,* car il me semble y avoir trouvé des arguments erronés et des affirmations irréelles.

En dépit même de sa haute tenue littéraire et poétique — il est des passages descriptifs qui valent le meilleur Lamartine — le livre de M. André Germain, aborde des questions politiques trop personnelles, pour rester dans le domaine de la critique littéraire. Si j'ai tenu à en parler, c'est pour rendre hommage à l'écrivain délicat, au cœur généreux, mais trop idéaliste.

J. d'A.

COURRIER DES LETTRES

ET

REVUE DES LIVRES

par le Colleur d'Affiches

> Presque toutes les revues litté-
> raires parlent à la fois des mêmes
> livres ; quelques-unes même sous ce
> titre : « Les livres dont on parle. »
> Entendez : Les livres dont les au-
> tres ont déjà parlé. Et quels sont
> ces livres ? Ceux qu'une notoriété
> tapageuse a mis en vitrines chez les
> libraires et les journaux.
> On serait heureux de trouver
> sous la signature des critiques lit-
> téraires cette rubrique plus origi-
> nale : Les livres dont on devrait
> parler. »
>
> *Opinion d'un « lecteur des Revues »*

** Quelques amis des Lettres et des Arts viennent de constituer à Paris, sous la présidence de M. Léon Archimbaud, le Cercle Boileau. Le but de ce groupement est de seconder les efforts des jeunes auteurs et des jeunes acteurs résolus à travailler à la rénovation de l'art dramatique et musical français.

En se plaçant sous le régime du sévère régent du Parnasse français, les fondateurs du Cercle Boileau ont entendu marquer leur dilection d'un art probe et net ayant la clarté pour moyen et la vérité pour but. Invoquer Boileau, c'est indiquer assez la direction qu'on a choisie.

** Sous l'inspiration de notre distingué confrère, M. F. Martin-Ginouvier, il vient de se former, à Paris, le jour même de l'anniversaire de la mort du patriarche de Maillane, et sous l'égide de sa grande ombre : la *Miougrano Felibréane*. Cette association littéraire et artistique nous promet de belles fêtes méridionales. En prenant la *Grenade* comme emblème, elle entend traditionnellement faire revivre la société que le poète Théodore Aubanel avait fondée en 1860 à Avignon.

C'est vers cette époque que le félibre Aubanel écrivit la *Miougrane entre-auberto*. C'est encore la *Grenade* que Mistral prend comme image pour remercier Lamartine.

∗ Plusieurs de nos lecteurs nous ont écrit pour nous demander l'adresse du cercle littéraire « *Les Gilets Rouges* » dont nous avons reproduit l'appel à la jeunesse littéraire, dans notre numéro du 15 mars.

Nous nous faisons un plaisir de leur faire savoir que pour les renseignements et adhésions absolument gratuites, ils peuvent écrire à M. René Jolivet, 41, rue des Ecoles, Paris (V⁰).

∗ Le sûr et fin poète des Vieux Thèmes, Jean Dars, fera paraître prochainement un nouveau volume *Fièvres,* dont nous détachons ces vers charmants, absolument inédits :

AQUARELLE

A TRISTAN KLINGSOR

au poète
au peintre
au musisien

Sur sa fine et nette
    Palette
Qu'il tient de ses doigts
    Narquois,
Tristan Klingsor ploie
    La soie
Du pinceau subtil.
    Avril
Par une fenêtre
    Pénètre,
Précédé de fins
    Parfums.
Un papillon mauve
    Se sauve
Et Tristan Klingsor
    S'endort.

∗

Tandis qu'il sommeille
    L'abeille
Qui murmure en lui
    S'enfuit.

S'en va sous la claire
　　Lumière
Prendre leurs couleurs
　　Aux fleurs,
Tantôt à la rose
　　Eclose,
Au coquelicot
　　Tantôt,
De chaque corolle
　　S'envole
Et s'enivre un peu
　　D'air bleu.

**

Elle rentre ensuite
　　Très vite,
Sachant que Tristan
　　L'attend,
Et sur sa palette
　　Apprête
Les vives couleurs
　　Des fleurs
Dont toutes ses ailes
　　Ruissellent.
« Vous serez jolis
　　Habits,
Rubans et dentelles,
　　Dit-elle,
Sous ses doigts exquis »
　　Et puis,
Ayant, messagère
　　Légère,
Fait de ce beau jour
　　Le tour,
Soudain, elle chante,
　　Contente,
Pour qu'il rouvre mieux
　　Ses yeux...

Jean DARS.

**

Le Colleur d'Affiches, croit inutile de faire savoir à ses lecteurs que le *Prix Balzac* (20.000 francs de sir Zaharoff et 10.000 francs de l'Editeur Grasset) vient d'être décerné à *Mme Paule Régnier* et MM. André Thérive et Pierre Dominique. Indépendamment de la valeur littéraire que pourront avoir ces œuvres primées, l'éditeur du Prix Balzac — en trois exemplaires — se chargera d'en faire trois « chefs-d'œuvre ». La critique n'a pas à dire son mot, si ce n'est que de constater que de ces trois écrivains, l'un est sympathiquement connu, M. André Thérive, les deux autres sont des « jeunes » à qui nous souhaitons de mériter la notoriété.

***

LES « VONT PARAITRE »

*** La gazette *Intervention* annonce pour paraître cette année, de Mme Céline Arnauld : *Le Musicien des Marées,* un roman, et de M. Paul Dermée : *Monts et Merveilles,* des contes.

*** « Les Conteurs Inédits » (A. Kemplen, édit.) donneront prochainement : *Un pauvre homme,* par M. André Lichtenberger ; *Une Vocation,* par M. Paul Prist ; *L'Amour clairvoyant,* par M. Paul Brulat ; *Sur les sentiers du tendre,* par M. J.-H. Rosny aîné.

Suivront des œuvres de Rodolphe Bringer, H.-J. Proumen, Charles-Henry Hirsch, Frédéric Boutet, Pierre Valdagne, Robert Dieudonné, Edmond Jaloux.

*** Marcel Poète, l'auteur de *Une vie de cité,* prépare un curieux ouvrage qui aura pour titre : *Au jardin des Tuileries,* dans lequel il retrace les événements de l'époque comprise entre Catherine de Médicis et Louis XV, qui eurent ce lieu pour cadre (Picard).

*** Henri Massis prépare une étude importante sur le mouvement germano-asiatique. Il y montrera le renouveau de certaines phases de l'histoire.

*** M. Edouard Gasc-Desfossés va faire paraître prochainement un ouvrage sur la Révolution française ; il étudie et énumère les causes sociales prochaines de la Révolution ainsi que les causes générales et les institutions sous l'Ancien Régime.

L'ouvrage aura pour titre *L'Agonie de l'Ancien Régime* (Beauchesne).

*** Charles Dugas, ancien membre de l'Ecole française à Athènes, va publier *La Céramique grecque* (Payot).

*** Dans la Collection des Contemporains va paraître prochainement *Le cas du Docteur Jekyll et Monsieur Hyde,* par Stevenson (Stock).

*** On annonce, pour paraître prochainement, *Les Maîtresses authentiques de lord Byron,* par Félix Rabbe (Stock).

*** Dans la Collection de la Culture Moderne vont paraître successivement, sous la direction de M. Fels, le *Radium,* par Laporte, *L'Humanité dans les Eyzies,* par Capitan et Peyrony, et *L'Art byzantin,* par Georges Duthuit.

*** On annonce une réédition, revue et remaniée par l'auteur, de

L'Ame en Friche, ce roman de M. Edmond Rocher, dont il fut question l'an dernier pour le prix Goncourt.

** André Siegfried va publier dans la collection du Nouveau Monde politique et social : *L'Angleterre d'Aujourd'hui. — Son évolution économique et politique.*

** M. Bouvier va publier prochainement un roman qui aura pour titre *Mademoiselle Champy.*

** M. Albert Giuliani va publier prochainement une étude, sous forme de roman, de l'un des problèmes les plus angoissants soulevés par l'invasion : celui des naissances illégitimes provoquées par la violence. L'ouvrage aura pour titre : *Les Berceaux tragiques.*

** M. Edmond Rocher va encore publier prochainement *L'Heureux Soldat,* des façons de souvenirs de la vie militaire durant la guerre, mais présentés sous la forme de satire fort acerbe.

Ajoutons enfin, que M. Edmond Rocher a terminé une série de contes fantastiques qui ont pour titre *Le Visionnaire* et que *Pierre le Ronsard, Prince des Poètes,* paraît le mois prochain.

** Le mois prochain paraîtra un roman de M. Jacques Lombard : *Les serpents rôdent.*

** *Les Miracles* d'Alain Fournier vont paraître dans quelques jours, avec une introduction de M. Jacques Rivière. M. Jacques Rivière était, on le sait, le beau-frère d'Alain Fournier, « disparu » à la guerre.

Alain Fournier, avait fait toutes ses études aux lycées d'Oran et d'Alger, dont son père fut le Proviseur.

** *Au sein des Commissions.* Sous ce titre, va paraître, ces jours-ci, un livre de Mermeix dans lequel des documents inédits sur l'armement de la France seront publiés et notamment une correspondance entre M. Poincaré et Charles Humbert au sujet de l'affaire Baquet.

** Un livre de Max Jacob va paraître sous le titre : *L'Homme de chair et l'homme reflet.*

** M. Marius Boisson publiera prochainement (Albin Michel, édit.) un roman : *Chère Marianne,* dans lequel il a mis face à face deux chimères grimaçantes : l'esprit de la tradition et l'esprit moderne.

Voilà de l'impartialité — propre à mécontenter tout le monde, écrivent les « treize » de l'*Intransigeant.*

** M. Henri de Noussanne va publier un roman curieux dans lequel un juif et un protestant aident à faire jouer une pièce catholique. L'ouvrage a pour titre *La Villa des Palmes.*

** Le second volume des Souvenirs de M. J.-H. Rosny aîné paraîtra cette année. Plusieurs chapitres sont consacrés à l'Académie Goncourt et à ses membres.

** M. André Beaunier va publier *Une âme de femme. — On annonce, de M. J.H. Rosny aîné, *L'Amour d'abord. — Mme Marie Gasquet va faire paraître le *Métier de Pénélope*. — M. Abel Hermant réunit des chroniques anglaises : *L'Excentrique*. — M. Francis de Miomandre va publier la *Naufragée*. — On annonce : de M. Adrien Le Corbeau, *L'Heure finale ;* de M. E. Solari, la *Compagne ;* de M. Pierre Lievre, *Quelle Horreur ! ;* de M. Nicolas Ségur, *L'Amour passe...* — M. Alexandre Arnoux va publier le *Règne du bonheur,* et Mme Elissa Rhaïs, la *Fille du douar.* — On annonce un ouvrage inédit de Laurent Tailhade, le *Paillasson,* mœurs de province... — M. François Duhourcau publie la *Rose de Jéricho.* — On signale de M. Charles Dornier, les *Demis-Mariées.* — M. Gabriel Maisne annonce la *Parure du désir.*

** *La poésie.*
On va publier des portraits satiriques en vers de Robert de Montesquiou, *Quarante Bergères.* — M. Pierre de Nolhac a colligé un nouveau recueil de *Poésies choisies* de Ronsard, avec introduction et notes. — On signale : de M. Maurice Magre, la *Porte du mystère ;* de M. Gilbert Lely, *Aréthuse ou élégies ;* de M. Jean Chahuat, le *Coffret d'argent ;* de Mme Berthier-Tache, *Pommiers et lauriers.* — M. Jacques Richepin publie *Mon cœur.*

** Un roman de P.-J. Toulet va paraître aux Editions d'art de la Renaissance du Livre. *Le Mariage de Don Quichotte,* avec des compositions de M. Ch. Martin.

** Les Poésies d'Humilis (de Germain Nouveau) vont paraître dans quelques jours avec une préface de Jean Richepin.

** Jean Giraudoux va publier cette semaine *Visite chez le Prince.* Le livre est orné d'un frontispice gravé, par Daragnès (Emile-Paul).

** *Gabriel,* du comte de Fels, va paraître prochainement.

** M. Marcel Sauvage, en traitement dans le Midi depuis un an, doit rentrer à Paris au mois de mai. Il a mis au point un recueil de poèmes, en prose, *Le livre des rencontres,* à paraître chez un éditeur de la rive gauche, et un livre de contes et portraits, *Le pigeonnier aux masques,* à paraître chez un éditeur de la rive droite. Marcel Sauvage tiendra la critique des revues au « Journal Littéraire ».
...Lequel « Journal Littéraire » paraîtra dans quelques semaines.

** Marcel Berger publiera le mois prochain, dans la collection Colette, un nouveau roman consacré au rugby et à l'athlétisme : *Histoire de Quinze hommes.*

** Sous ce titre : *Du Bois de Boulogne au Bois de Vincennes* un volume va réunir deux romans de M. Maurice Beaubourg : *Une saison au Bois de Boulogne* (prix des méconnus), et *Les joueurs de Boules de St-Mandé.*
Nous lirons du Beaubourg le soir au fond des bois sonnent les « *Académisards* » de *Paris-Soir.*

** Adrien Le Corbeau va faire paraître (Fasquelle, édit.) *L'Heure finale,* où il analyse les sensations d'un homme qui n'a plus que soixante minutes à vivre. Le livre est présenté sous une forme romanesque, mais très philosophique. Il est, d'ailleurs, cité parmi ceux qui ont été retenus pour le prix de la Renaissance, sur le titre duquel plusieurs journaux se sont trompés, l'ayant appelé *L'Heure fatale*.

.*. M. Pierre Mac Orlan va faire paraître un volume de poèmes, *Simone de Montmartre*, suivi de *L'Inflation sentimentale*, avec un portrait de l'auteur, par Pascin.

.*. Prochainement, Edouard Helsey va donner au public un ouvrage de grand reportage dans lequel l'auteur raconte des choses vues en Allemagne, et le livre a pour titre : *Au pays de la monnaie de singe.*

.*. Pour paraître prochainement : d'Emile Solari, un roman, *La Compagne.*

.*. Le sympathique Directeur de la *Revue de Genève*, M. Robert de Traz, l'auteur apprécié de *Dépaysements* va publier un nouvel ouvrage qui ne ressemblera en rien à l'esprit de ses livres précédents.

Complices, en effet, seront des contes un peu à la manière de Marcel Schwobb.

.*. Nos excellents confrères du *Monde Nouveau* vont faire paraître dans leur service d'édition toute une brillante série de nouvelles œuvres :

Marcel Coulon : *Le Génie de J.-H. Fabre ;* Raymond Clauzel : *L'Iles des Hommes ;* Gaston Picard : *Des drames, des dames et des rames ;* Péladan : *Les Dévotes vaincues* (2ᵉ partie des *Dévotes d'Avignon*) ; Audigier : *Hégésippe Simon ;* Jacques Trève : *Lancelot du Lac ;* Jacques Darnetal : *L'Energumène ; Les Cahiers intimes*, de Marie Bashkirtseff ; José Germain : *Seconde jeunesse ;* Noré Brunel : *Le Petit roi déchiqueté ;* Jacques des Gachons : *Contes ;* François Berthault : *Le Dieu dans la lumière,* etc...

.*.

Les " VIENT DE PARAITRE " :

.*. Paul Morand qui remporte en ce moment l'un des plus grands succès de librairie avec *Lewis et Irène* publie 10 ans de ses *Poèmes :* 1914-1924. On retrouvera là deux plaquettes de lui déjà connues : *Lampes à arc* et *Feuilles de température ;* il les a fait suivre de 25 *poèmes sans oiseaux.*

.*. Avec une préface de M. Eugène Demolder paraît un roman de mœurs bruxelloises : *La Famille Kaekerbroeck,* par M. Léopold Courouble.

.*. Mme Marie-Louise Pailleron donne chez Perrin une suite à son ouvrage sur *François Buloz et ses amis.* Elle avait parlé des *Derniers Romantiques.* Elle parle cette fois des *Ecrivains du Second Empire.*

⁎⁎ Georges-A. Birmingham, *L'île aux surprises,* trad. par A. Labat.

⁎⁎ Georges Cariau, *Aux jardins du passé.*

⁎⁎ Vincent Arlotto, *L'Eglise ou l'Assemblée universelle.* — Joseph Serre, *La Philosophie du soupir.* .

⁎⁎ Paul Reynal, *Le tombeau sous l'Arc de Triomphe* (texte intégral).

⁎⁎ René de Week, *Jeunesse de quelques-uns.*

⁎⁎ Jeanne Galzy, *La femme chez les garçons.* — René Schickelé, *Le consolateur de femmes.*

⁎⁎ Fernand Aubier, *C'est Vénus tout entière...*

⁎⁎ A propos de la parution de *Colin Maillard,* nos confrères les « Treize » de l'*Intransigeant* signalent cette « erreur » flagrante de la maison Grasset :

La librairie Bernard Grasset met en vente *Colin Maillard,* un inédit de Louis Hémon, une bande entourant ce livre dit :

Par l'auteur de Marie Chapdelaine, 850ᵉ *mille.*

Sur la page de garde, aux autres ouvrages de ce jeune auteur, on lit :

Marie Chapdelaine, 650ᵉ *mille.*

⁎⁎ M. Pierre Masclaux vient de publier un ouvrage intitulé : *Faust II ou la folle nuit de Walpurgis.*

Il apporte une interprétation nouvelle de l'énigme du Faust, autour duquel, d'après lui, « gravite tout l'œuvre de Gœthe, comme un véritable système planétaire ».

M. Masclaux nous montre, notamment, un Gœthe einsteinien avant Einstein.

⁎⁎ M. Maurice Vallès publie, des *Pages Choisies* de Miguel de Unamuno, le grand écrivain espagnol, contre la déportation duquel l'élite du monde européen est en train de protester.

⁎⁎ Le baron Ernest Seillière publie de *Nouveaux portraits de femmes.* Il y est question du premier amour de George Sand, de la princesse Elise Radziwill, d'Eugénie de Guérin et de Marie de Nesselrode, que M. Seillière nomme *L'inspiratrice de la Symphonie en blanc majeur.*

⁎⁎ Les pensées d'Auguste Comte, recueillies par M. Georges Deherme, dont nous avons annoncé la parution, viennent de « sortir ». Les pensées sont groupées : philosophie, sociologie, politique, morale, religion.

⁎⁎ Mme Alice M. Killen publie une sérieuse étude sur le *Roman terrifiant ou roman noir,* de Walpole à Anne Radcliffe. Elle y examine l'influence du « roman noir » sur la littérature française jusqu'en 1840.

⁎⁎ M. Fernand Vandérem publie le 5ᵉ volume de son *Miroir des Lettres.* Dans sa préface, il explique que ses études sur les manuels littéraires à propos de ce dernier volume, certains confrères ont rappelé, non pas sans malice, que M. Vandérem était le négateur de la métaphysique. Titre lourd à porter !

✳ Paraissent : *Deux hommes*, par M. Georges Duhamel ; *Le Révolté*, par M. Maurice Larouy, etc.

On annonce également *Le Retour de Barrès à sa terre et à ses morts*, par M. Henry Bordeaux.

✳ Un roman de Marcel Berger, consacré au rugby : *Histoire de Quinze hommes*, paraîtra en avril.

✳ M. Jacques Fourcade, fils du bâtonnier, vient de publier son premier livre de vers, *La Stèle isolée*.

✳ M. Dutrait-Crozon publie l'édition définitive de son *Précis de l'Affaire Dreyfus*.

✳ A. de Bersaucourt vient de faire paraître un petit livre sur *Emile Verhaeren et son œuvre* ; c'est, croyons-nous, la bibliographie la plus sérieuse et la plus complète qui ait parue sur le grand écrivain franco-belge.

✳ M. Eugène Marsan fait paraître *Les Chambres du plaisir*. Cet ouvrage fait suite aux *Passantes*. Chacun des chapitres est une femme, dessinée par un homme qui est toujours le même, non pas Don Juan, mais un héros toujours plus attentif et pour qui ce qu'il possède par les yeux vaut tout autant que ce qu'il pourrait tenir entre ses bras (*Les Nouvelles Littéraires*).

✳ Le sympathique rédacteur en chef de *Paris-Soir*, M. Pierre Bonardi, fait paraître en pamphlet : *Madame la Critique*.

Les Livres français à l'Etranger :

✳ Viennent de paraître à New-York, le mois dernier, chez le grand éditeur américain Alfred Knopf, dans la collection des « New Borzoi Books » :

The World-Struggle for oil de notre Directeur Pierre l'Espagnol de la Tramerye. Ainsi qu'on l'a écrit à New-York à ce sujet : « Oil is Empire ! Just as the British Empire was built up on its coal-fields, so the Empires of the future will be founded upon possession of oil. Pierre L'Espagnol de la Tramerye lifts the veil from the almost secret struggle wich is still being fought between the United States, Britain and France. His book reads like a novel ».

Aussi est-ce avec raison que M. Alfred Knopf a fait paraître ce livre sous la forme d'un roman — et l'a lancé en même temps que « Plutarch lied », le célèbre « Plutarque a menti » de Jean de Pierrefeu, qui, souleva en France de si âpres discussions.

On se souvient du retentissement qu'eût dans l'Empire Britannique l'Edition grand format de « The World-Struggle for Oil », lancée à Londres par George Allenand Unwin, au début de cet hiver.

Signalons également, parmi les autres ouvrages de Français parus récemment à New-York :

« *The Shadow of the Cross* », le plus beau livre de Jérôme et Jean Tharand.

« *Strait is the gate* », d'André Gide, analyse pénétrante de ce qui manque à la morale Psychologique du Protestantisme. Ainsi que le livre de Pierre l'Espagnol de la Tramerye, ils ont été lancés en Amérique par Alfred Knopf.

⁎⁎ Miss Grace Warwick va publier chez Appleton : *From the Song of France*, anthologie de poésie française ancienne et moderne en traduction.

⁎⁎ Chez Putnam paraît : *Eyeless Sigth* (La vision extra-rétinienne), de M. Louis Farigoule (Jules Romains), traduit par C.-K. Ogden.

⁎⁎ La Century Company (New-York) publie une traduction (par C.-D. Groth) de l'étude de M. Romain Rolland sur *Mahatma Gandhi*.

⁎⁎ Le *Silbermann* de M. Jacques de Lacretelle, dont une traduction a paru chez Boni et Liveright, est l'objet des plus vifs éloges de la critique américaine.

⁎⁎

Le Félibrige, par Emile Ripert, professeur de langue et de littérature provençale à la Faculté des lettres de l'Université d'Aix-Marseille [1].

Qu'une langue que l'on pouvait croire morte se mette tout-à-coup à revivre au point de s'imposer, non seulement à l'attention des foules, mais encore à celle des savants officiels ; que, grâce au génie de quelques-uns, à l'activité et au talent de certains autres et à l'enthousiasme de tous, une littérature se crée et se répande au point de briser le cadre dans lequel il semblait qu'elle dût demeurer renfermée, c'est là un phénomène des plus curieux, et qui n'a pas dû se produire souvent dans l'histoire des langues et des littératures. Il dénote, en tout cas, une vitalité singulière et une énergie créatrice peu commune dans cette antique race à qui nous devions déjà les troubadours.

C'est ce que nous chante en 200 pages, avec un charme qui jamais ne se dément, ce poète exquis qu'est M. Emile Ripert.

Etant à la fois poète, érudit et Provençal, M. Emile Ripert était tout désigné pour écrire cette histoire, que l'on sent émue, de ce qu'on pourrait appeler « la revanche de la Langue d'Oc ». Nul n'était mieux

---

1. Un volume in-16 (Collection Armand Colin, 103, Boulevard Saint-Michel Paris v°). Relié 6 fr. — Broché 5 fr.

qualifié que lui pour nous faire aimer les Félibres et admirer comme il mérite d'être admiré, l'effort félibréen. En écrivant son livre dans une langue d'une classique pureté, l'auteur a prouvé par l'exemple qu'on peut être, en dépit de la calomnie, un félibre ardent sans cesser pour cela d'être un bon Français.

*** *Eléments de Paléontologie,* par L. Joleaud, maître de Conférences de Paléontologie à la Faculté des Sciences de l'Université de Paris, professeur de Géologie à l'Ecole normale supérieure de Fontenay-aux-Roses. Tome II : *La Vie aux temps tertiaires et quaternaires* [1].

Le deuxième volume de la *Paléontologie* publié par M. L. Joleaud dans la « Collection Armand Colin », tient les promesses du premier.

L'évolution des êtres qui, depuis l'époque où le globe est devenu habitale, ont vécu à sa surface, occupe, dans les préoccupations des philosophes, une grande et légitime place. M. Joleaud qui, dans le Tome I de son ouvrage, avait entamé l'histoire de cette évolution, l'achève dans le Tome II et la couronne en nous montrant l'humanité à son aurore et en nous faisant assister à ses patients efforts pour se dégager des entraves qui paralysaient son génie naissant.

Une illustration abondante, exécutée d'après des documents pour la plupart inédits, éclaire le texte et nous permet de suivre, en même temps que l'éveil artistique et industriel de l'Homme, son perfectionnement physique et la transformation graduelle de son masque simiesque en figure humaine.

Beau et bon livre que liront avec passion tous ceux qu'inquiète le problème mystérieux de nos origines.

*** *Le Blocus et la guerre sous-marine,* par M. le Commandant A. Laurens, Capitaine de Frégate, Chef de la Section Historique de l'Etat-Major de la Marine [2].

Nous aimons, le danger passé, à revivre nos angoisses. A ce titre, le livre du Commandant Laurens sera lu avec passion par tous ceux qui ne veulent pas oublier.

Mais il est aussi le livre du Marin, de l'Historien, de l'Economiste, de tous ceux qui cherchent à se documenter. La documentation qu'ils trouveront dans ce livre est à la fois riche, précise et sûre, car nul n'a pu être mieux informé que le Commandant Laurens des secrets de la guerre sous-marine et de ses à-côtés économiques. Le Commandant Laurens était en effet, pendant les hostilités, chef du service des renseignements de la Direction générale de la guerre sous-marine. Aussi ne sera-t-on pas étonné de trouver dans son livre des précisions extrê-

---

1. Un volume in-16 avec *40 figures* (Collection Armand Colin, 103, Boulevard Saint-Michel, Paris v•). Relié 6 fr. — Broché 5 fr.

2. Un volume in-16 (Collection Armand Colin, 103, Boulevard Saint-Michel, Paris, v•). Relié 6 fr. — Broché 5 fr.

mement curieuses que les spécialistes eux-mêmes ignorent et grâce auxquelles on comprend enfin beaucoup d'événements qui étaient demeurés, jusqu'à ce jour, quèlque peu obscurs et même mystérieux.

Ce livre est écrit d'une plume alerte, avec une concision toute militaire et ce n'e-t pas là son moindre mérite.

⁎⁎ *L'après-guerre et la politique commerciale,* par M. Cl.-Joseph Gignoux, Chargé de Cours à la Faculté de Droit de l'Université de Nancy [1].

On prétend — c'est une affirmation courante — que la guerre a bouleversé les vieux principes économiques et clairement établi leur insécurité.

M. Cl.-J. Gignoux s'élève contre ce préjugé, en montrant que la science économique, création continue, toute de réalité vivante, ne s'était jamais trouvée en présence d'une expérimentation aussi vaste que celle que nous a offerte le conflit mondial. La guerre ayant presque supprimé le commerce international, l'a laissé dans un état de paralysie grave, et les gouvernements ont essayé de tous les remèdes pour le rétablir.

C'est l'étude de l'ensemble complexe de ces remèdes : décrets, traités de commerce, tarifs douaniers, documents législatifs de toute sorte, qu'a tentée M. Gignoux, afin d'en dégager les grandes lignes de l'évolution politique commerciale de la France et des autres Etats depuis la guerre.

M. Gignoux y a pleinement réussi : son livre, écrit d'une plume alerte, nous permet de suivre sans effort, dans la trame d'une documentation précise, les idées directrices et les vues générales.

⁎⁎ *Les Epaves blanches,* par Serge Chernin. — Il s'agit d'un véritable décalque romanesque de la vie tourmentée que mènent en Suède les émigrés russes, héroïques sans doute dans leurs aspirations, mais sans énergie et sans défense contre les fous et les exploiteurs qui compromettent leur cause.

⁎⁎ *Reynier Le Renard,* par Reynaert de Vos. — C'est un fac-similé de l'édition plautinienne de 1556, avec des gravures sur bois, de Jehan de Gourmont, d'après des dessins de Geoffroy Ballain. Cette édition a été faite d'après l'exemplaire unique de la bibliothèque de Munich. Elle contient un avant-propos de M. Maurice Sabbe, conservateur du Musée Plautin-Moretus, et une introduction de M. Léonard Willems.

⁎⁎ *La Rose de Jéricho,* par François Duhourcau. — Un roman d'amour, dont l'action se passe sur la belle lagune d'Hendaye.

⁎⁎ *La littérature de guerre,* par Jean Vic. — Un manuel méthodique et critique des publications françaises, du 2 août 1914 au 11 no-

---

1. Un volume in-16 (Collection Armand Colin, 103, Boulevard Saint-Michel, Paris v°). Relié 6 fr. — Broché 5 fr.

vembre 1918. — Dans ce répertoire qu'orne une préface de M. Gustave Lanson, sont classés, décrits et analysés douze millle ouvrages (livres, brochures, périodiques, articles de revues).

.*. *Le Paillasson*, par Laurent Tailhade. — Voici un ouvrage inédit de Laurent Tailhade, dans lequel l'auteur s'est plu à analyser les mœurs provinciales.

.*. *Par Fil spécial,* par André Baillon. — Un livre sur le journalisme, écrit par un secrétaire de rédaction. Des anecdotes, des contes rapides, un tableau complet de ce qu'est un grand quotidien d'aujourd'hui.

.*. *Ne dites pas... Mais Dites,* par *Etienne Le Gal.* Préface de *Edouard Bourciez,* professeur à l'Université de Bordeaux. — Delagrave, éditeur, 15, rue Soufflot, Paris. Un volume broché, 5 francs.

C'est un fait constaté par tous les gens de goût que la langue française est aujourd'hui très mal parlée et très mal écrite. Il n'est pas rare d'entendre, de la bouche de gens qui se piquent de beau langage, du jargon comme celui-ci : « Je m'en rappelle » pour « je me le rappelle »; « de suite » pour « tout de suite »; « je pars à la campagne », pour « je pars pour la campagne »; etc. De même, des personnes qui se disent compétentes écrivent sans sourciller : « je veux vous éviter cette peine », pour « je veux vous épargner cette peine »; « de façon à ce qu'il soit content » pour « de façon qu'il soit content »; etc.

Effrayé de cette déformation de notre langue, si pure et si belle, M. Etienne Le Gal a cru utile de recueillir, dans un volume intitulé « *Ne dites pas... Mais dites...* » les barbarismes, solécismes et locutions vicieuses le plus couramment employés. Ce faisant, il a répondu à l'esprit et à la lettre du Nouveau Programme de l'Enseignement Secondaire qui, dans son Annexe III, § 6, prescrit que « le respect absolu de la correction dans l'emploi de la Langue française doit être imposé aux élèves pour tous les professeurs, qu'il s'agisse d'exercices écrits ou oraux, littéraires ou scientifiques ».

Ce volume, d'ailleurs, n'est pas une énumération monotone et squelettique d'expressions, de tours ou de mots blâmables. L'auteur a raisonné et expliqué les fautes. Les explications données à propos de chacune d'elles présentent ce double avantage d'être faciles, à la portée de tous, et d'offrir, en outre, à ceux qui voudraient approfondir les questions traitées, des renseignements intéressants d'étymologie, de vocabulaire et de syntaxe.

Préfacé par M. E. Bourciez, l'éminent auteur des *Eléments de Linguistique romane,* professeur à l'Université de Bordeaux, « *Ne dites pas... Mais dites...* » a reçu les attestations élogieuses de professeurs de Facultés, Lycées et Collèges de France.

Le Colleur d'Affiches.

REVUE DES REVUES

ET DES JOURNAUX

—

.*. Dans le *Manuel Général de l'Instruction Primaire,* M. E.-L. Ferrère, Inspecteur d'Académie, signale le « *danger du nouveau certificat d'études* ».

.*. La même publication du 15 mars, publie un important article de M. *Henri Avril,* député des Côtes-du-Nord, sur « *Vers le Ministère de l'Education Nationale* ».

Nous regrettons de ne pouvoir publier en entier, l'acticle de M. Henry Avril, auquel nous adhérons pleinement, nous en extrayons pourtant la conclusion suivante :

La fusion est encore supposée possible ou facile entre le primaire supérieur et le technique, mais tous les deux sont joints à l'enseignement secondaire sous une même direction ! Je songe, révérence parler, à la fable jolie : L'Ane et les deux voleurs. Cela m'inquiète un peu.

Cela m'inquiète d'autant plus que vont de pair avec notre baudet, en l'espèce avec nos écoles primaires supérieures, les cours complémentaires et les écoles normales, dont le projet annoncé ne dit rien.

Et puis, c'est bientôt fait de régir sur le papier les attributions et d'ordonner, fût-ce par décret-loi, les échanges et les abandons. Dans la réalité, sera-t-il bien facile d'enlever au sous-secrétariat les écoles pratiques, si tant est qu'il en soit question ? Et la Direction de l'Enseignement secondaire est-elle prête à recevoir, pour les soutenir et les orienter, des établissements dont, hier encore, les représentants autorisés de sa clientèle dénoncaient la concurrence et les empiètements ?

Tout cela n'est pas clair et demande une mise au point. Plus on est averti de la querelle et moins on comprend qu'il soit possible d'y mettre fin par intrigue déconcertante ou subtile malignité. Il faut tout remettre sur le chantier, fixer à l'éducation nationale son domaine, et régir l'université sans partage, en instaurant enfin, dans l'organisation centrale d'un ministère unique, la discipline et la clarté...

⁎⁎ La *Revue Diplomatique* de février, trace, par la plume de M. *Jules Menlemans,* un magnifique portrait du Prince Louis Grimaldi de Monaco.

⁎⁎ MM. *Berheim,* jeune, qui éditent bi-mensuellement le *Bulletin de la Vie artistique,* ont ouvert une enquête sur la « *Querelle des Indépendants* », à laquelle ont pris part MM. Paul Signac ; A. Leveillé ; Victor Dupont ; Alexandre Urbain ; C. Jacquemot, etc..., et la querelle continue.

⁎⁎ Au numéro de mars de la *Pensée Latine,* un article de M. *Raoul Raymond,* sur la « *Faillite de l'Intelligence Utilitaire* ». Que mon confrère me pardonne, mais il m'a été impossible de comprendre. Par contre d'excellents vers de M. *Pierre Auradon,* sous le titre général de *Rondels Fantasques.*

⁎⁎ *Revue des Indépendants,* mars : Un article de Robert Morche, sur *Jean Larmeroux,* « *ce jeune écrivain de talent, maître du barreau et philanthrope averti* » qui collaborera désormais à la *Revue des Indépendants.* Une touchante étude sur le « *Jour des Mères* » signée *Yvonne Pitrois.*

⁎⁎ M. *Paul des Gouttes,* vice-président du Comité International de la Croix-Rouge, expose dans la « *Revue Internationale de la Croix-Rouge,* l'œuvre des Sociétés Auxiliaires de la C.-R.

⁎⁎ Avec quelques articles virulents sur la politique intérieure, le *Progrès Civique,* se demande et explique, par la plume de M. *Th. Ruyssen,* Professeur à la Faculté des Lettres de Bordeaux : « Où va la Turquie nouvelle ? »
M. Ruyssen, ne semble pas rassuré sur l'avenir de la Turquie.

Durant des siècles — écrit-il — les Turcs ont vécu en conquérants du travail des peuples soumis. Une Turquie, libre mais n'ayant rien à attendre que d'elle-même, une Turquie républicaine, laïque, féministe, est-elle capable de vivre ?

Nous le souhaitons cordialement avec l'éminent Professeur.

⁎⁎ La *Revue Universitaire,* ouvre une enquête sur le « *Retard d'un an proposé pour l'enseignement secondaire féminin* ».

Se plaçant au point de vue exclusivement pédagogique, la *Revue Universitaire,* pose les quatre questions suivantes :

1° *Sur les classes élémentaires et primaires.* L'âge légal du début des études étant le même pour les garçons et pour les filles, est-il nécessaire ou utile que les filles aient une année d'études primaires de plus que les garçons ?

2° *Sur la section du baccalauréat.* Y a-t-il des avantages ou des inconvénients à ce que les jeunes filles préparant le baccalauréat commencent cette préparation une année plus tard que les garçons ?

3° *Sur la section du diplôme.* Est-il désirable et conforme au vœu des familles que les candidates, non plus au baccalauréat, mais au diplôme, restent un an de plus au lycée ?

4° *Sur la situation de l'enseignement public vis-à-vis de l'enseignement libre.* L'âge légal du baccalauréat restant fixé à seize ans pour les deux sexes, et personne n'ayant proposé de le fixer à dix-sept ans pour les jeunes filles, l'enseignement public, qui sera obligé de présenter ses candidates à dix-sept ans, sera-t-il dans une situation avantageuse ou désavantageuse par rapport à l'enseignement libre, qui pourra les présenter dès seize ans ?

La *Revue Universitaire,* dénonce tout simplement l'incohérence qui présidait à l'I. P. avec Léon Bérard. Les derniers succès retentissants de quelques jeunes filles, ont du montrer, à ceux qui ne voulaient pas s'en rendre compte, qu'il ne doit y avoir aujourd'hui, qu'un seul programme, d'enseignement supérieur, applicable aux élèves masculins et féminins — puisqu'il faut faire cette distinction.

— Dans la même revue un article de Mme H. Maisani, directrice du Collège de jeunes filles de Nevers, sur la *Discipline depuis la guerre* et qui nous semble avoir inspiré l'une des dernières circulaires Bérard — à moins que ce ne soit le contraire !

*** *L'Education Nationale,* revue des sciences éducatives de Belgique, passe en revue tout ce qui intéresse les quatre ordres d'enseignement.

*** Nous attirons tout particulièrement l'attention, non seulement du Corps Enseignant, mais des Etudiants, sur un nouveau bulletin : *Les Etudes Littéraires Françaises,* édité par la librairie Fernand Natham.

Ce bulletin destiné aux étudiants des lettres françaises, a pour but de leur donner une suite de leçons et de travaux appropriés à leurs études. Il est placé sous la Direction et avec la collaboration de Professeurs des Universités, des Lycées et Grands Etablissements français.

M. L. Broche, qui en assurera la direction effective, ancien chargé de cours à l'Université de Neuchâtel, définit lui-même, le but des *Etudes Littéraires* : « *Etre Utile* ». C'est le plus beau programme que l'on puisse choisir, et nous ne doutons pas, que la Librairie Natham, qu'il faut féliciter de cette heureuse initiative, ne justifie le but particulièrement utilitaire de sa nouvelle publication.

*
* *

Dans la *Grande Revue* du 1ᵉʳ avril, M. *Albert Cazes* n'abandonne pas le Ministère des Lettres et il exhume le pauvre essai que fit le Ministère Olivier.

La conclusion de M. Albert Cazes, sur un Ministère des Lettres, nous donne trop raison, pour que nous ne la reproduisions pas :

Ce que l'on peut dire, écrit M. Cazes, c'est que le précédent n'apporte pas un renfort particulièrement puissant à la thèse des partisans d'un Ministère ou d'une Direction des Lettres. En réalité, tant que l'on n'aura point tâté d'un Ministère des Lettres dirigé par un littérateur de profession, lui-même entouré d'autres littérateurs authentiques, — est-ce possible ? est-ce souhaitable ? — rien ne permet d'affirmer qu'un tel régime, même dans la plus athénienne des républiques, comporterait des avantages appréciables, tandis que les inconvénients de ce système officiel et breveté sont évidents.

Avons-nous dit autre chose sur l'idée reprise par M. Fernand Vandérem, qui est resté muet, malgré ses promesses solennelles ?

*
* *

Dans le *Gaulois* littéraire de samedi, M. Vandérem abandonne le Ministère des Lettres, pour le *Syndicat* des Hommes de Lettres ! Voilà un délicieux euphémisme qui nous semble un lourd bélier lancé sur la porte ouverte de la Société des Gens de Lettres.

*
* *

Au sommaire de *La Pologne*, organe de l'Association France-Pologne, un remarquable article sur la *vie intellectuelle polonaise* signé *Paul Kleczkowski* et une revue brillante de « livres et périodiques » tenue par M. Henry de Montfort.

*
* *

... ET DES JOURNAUX

Nous ne pouvons remercier ici, tous ceux de nos confrères qui ont bien voulu signaler la parution de notre premier numéro. Il nous faudrait signaler, presque toute la Presse parisienne et celle de Province.

Un grand nombre de journaux nous. ont fait le grand honneur de reproduire, presque en entier, quelques-uns de nos articles, et ce serait faire montre d'ingratitude, que de ne pas envoyer, au *Figaro*, au *Rappel*, au *Gaulois,* l'expression de notre reconnaissance. A tous les autres, merci aussi !

*⁎

Le nouveau ministère a fait couler beaucoup d'encre. Signalons quelques opinions sur l'ancien et le nouveau ministre de l'Instruction Publique.

M. Gustave Téry, Directeur de l'*Œuvre,* écrit :

Le président s'est débarrassé de Lasteyrie, ce qui est bien. Il nous a débarrassés de Bérard, ce qui est mieux. Il a surtout débarqué Chéron, ce qui ressemble à un acte véritable.

Les trois remplaçants de ces indésirables auront-ils le temps de nous montrer qu'ils sont capables de réparer leurs fautes ? Nous le souhaitons de tout cœur, surtout à Henry de Jouvenel, qui compte trop d'amis dans notre maison pour ne pas être sûr d'y rencontrer autant de censeurs vigilants que de collaborateurs dévoués. Dans la bonne besogne démocratique, il n'est pas de ministère où le zèle républicain devienne plus indispensable qu'à l'Instruction publique.

Le *Figaro* s'exprime ainsi sur le nouveau ministre :

M. Henry de Jouvenel est né à Brive-la-Gaillarde. Lorsqu'on parle d'un sénateur, aussitôt apparaît l'image d'un vieux monsieur chenu. Tel n'est pas le cas. Le nouveau ministre de l'instruction publique et des beaux-arts est jeune, très jeune. Il est plein d'ardeur, plein de flamme. Sans doute, apportera-t-il, dans la sombre maison de la rue de Grenelle, quelques idées nouvelles et sans doute y étonnera-t-il d'aventure un ancien fonctionnaire courbé par les travaux...

L'Université a dans cet écrivain, dans cet orateur, cet artiste, un grand maître bien digne d'elle. Qu'elle sache que M. Henry de Jouvenel a, depuis longtemps, fait sienne la devise de Mlle de Lespinasse : « Je n'aime rien de ce qui est à demi, de ce qui est indéfini, de ce qui n'est qu'un peu.

M. *A.-Albert Petit* manifeste quelque crainte dans le *Journal des Débats,* sur le sort des réformes Bérard, à propos du changement de ministre.

Le nouveau ministre, écrit M. Petit, M. Henry de Jouvenel, ne s'est pas intéressé spécialement jusqu'ici à cet ordre de problèmes. Il est difficile qu'il ne s'y intéresse pas passionnément dès qu'il en aura approfondi l'étude. Tout ce qu'on peut lui demander, c'est de les aborder sans parti pris, avec l'esprit libre, la sympathie accueillante, le goût littéraire dont il a fait preuve sur d'autres théâtres, et dont il ne trouvera nulle part un emploi plus séduisant qu'à la rue de Grenelle.

Nous sommes loin de partager les appréhensions du collaborateur des « *Débats* » et nous avons dit pourquoi, d'autre part. Mais que M. Petit, se rassure, il n'entre pas, croyons-nous, dans la pensée de M. de Jouvenel, de « *chambarder* » l'Enseignement. Ce n'est, que par des modifications et par des « redressements » successifs, que l'on peut remettre d'aplomb, l'édifice, passablement ébranlé par l'impéritie de l'ancien ministre. Qu'on laisse M. Henri de Jouvenel, à sa nouvelle tâche. Là, comme ailleurs, nous pouvons lui faire confiance.

Le Temps, a publié un chaleureux et substantiel article, sur l'*Office National de l'Université* et sur l'œuvre de M. Petit-Dutaillis, dont nous avons signalé le rapport dans notre numéro du mois dernier.

Il nous est impossible de reproduire cet article, du moins en donnons-nous les quelques lignes qui présentent l'œuvre de l'Office en 1923, et la conclusion, que nous approuvons complètement :

Qu'à cette heure critique toutes les économies compatibles avec le bon fonctionnement de l'instruction publique doivent être acceptées et, au besoin, imposées, nous l'avons dit récemment et n'avons point encore envie de nous dédire. Mais il importe presque au même point de ne pas étouffer des initiatives dont l'heureux effet prépare à la France des lendemains de sécurité. Ecrivant ces lignes, nous avons sous les yeux le rapport sur l'année 1923 que vient de rédiger M. Petit-Dutaillis, directeur de l'office national des universités et écoles françaises. Beaucoup ignorent que cette institution est l'œuvre d'une association universitaire qui a pour président M. Paul Doumer et pour vice-présidents M. Paul Appell, recteur de l'académie de Paris, et M. André Honnorat, ancien ministre de l'instruction publique. Elle déploie un effort méthodique à répandre au dehors la science et la pensée françaises, et surtout à favoriser l'interpénétration intellectuelle de la France et des peuples amis de la France. Et de ce chef elle reçoit, avec affectations spéciales, une subvention de 500.000 francs, dont 300.000 sont consacrés à nos relations scolaires avec les Etats-Unis. Au taux actuel du change, si elle réussit, on conviendra que c'est faire bonne chère avec peu d'argent.

...Il ne s'agit pas, certes, de substituer les professeurs aux consuls ou aux diplomates, mais, par une patriotique coopération, de les mettre aux postes où ils conviennent le mieux. Suspendre présentement l'effort de l'office national des universités, ce serait atteindre la France à l'é- tranger.

Notre excellent confrère du soir : *La Liberté,* qui a créé une rubrique quotidienne : *Au Quartier Latin,* conte l'histoire suivante arrivée à Mme de Noailles, lors de sa visite chez les Etudiants :

Mme de Noailles fut mise sur la sellette de façon bien curieuse l'autre soir par les étudiants du Quartier Latin. Le Cercle international des étudiants avait invité M. Tristan Derème à faire une causerie sur la poésie de la comtesse de Noailles et l'illustre femme de lettres avait consenti à dire elle-même quelques vers inédits. Les trois petites salles du Cercle étaient pleines à craquer. J'ajouterai, entre parenthèses, que si notre jeunesse universitaire n'était pas si pauvre, actuellement, il serait bien désirable que des réunions aussi distinguées se fissent dans des lo- caux plus spacieux et plus confortables. Toujours est-il qu'au bout de quelques instants de lecture, Mme de Noailles fatiguée demanda quel- ques instants de répit. Mais ce ne fut pas un armistice. Tous les yeux braqués imploraient davantage de la manne divine. Sous prétexte d'in- termède et pour donner un objet à sa conversation, Mme de Noailles saisit le livre d'un auditeur, imprudemment placé à la portée de sa main : c'était un recueil de ses poésies annotées par le lecteur ! Si l'admi- ration était parfois naïve, les critiques ne manquaient pas de rondeurs. « Verbiage insignifiant, faible », tels furent les mots que lut Mme de Noailles. Avec infiniment de bonne grâce, elle expliqua ces prétendues faiblesses, en convint souvent, lut des passages, le tout émaillé d'un sourire fusant.

Les étudiants étrangers, blonds Suédois, Roumains rustiques, gra- ves Tchèques ou Polonais hérissés, en revenaient à peine de tant de simplicité, de franchise et de modération. Cette quasi confession d'une de nos plus grandes poétesses, sans ébranler leur culte, gagna leur sympathie et leur confiance.

Ce fut un incident très court d'une soirée très goûtée, qui contribua à rapprocher de notre esprit maints cerveaux d'étrangers. On souhai- terait que le Cercle international des étudiants pût donner fréquemment aux étudiants français et étrangers l'occasion de pareils échanges.

Le Compère.

Le Gérant, J. LANIER.

Imprimerie de la *Revue de l'Université,* 16, rue du Regard, Paris

La Grande Revue

28ᵉ ANNÉE

Ne publie que de l'inédit

SOMMAIRE DE MARS 1924

LA VIE CURIEUSE

Le numéro : **3 fr.**

Abonnements : Un an . . . . . . ⎰ Paris . . . . **20 fr.**
   ⎱ Province . . . . **20 fr.**
   ⎱ Union postale . . . . **25 fr.**

37, Rue de Constantinople, 37
PARIS

RÉPUBLIQUE FRANÇAISE

MINISTÈRE DU COMMERCE ET DE L'INDUSTRIE

LE

MONITEUR OFFICIEL

DU

Commerce et de l'Industrie

Comprenant les

DOCUMENTS OFFICIELS DES MINISTÈRES

Renseignements Commerciaux

et Informations de France et de l'Étranger

PARAISSANT DEUX FOIS PAR SEMAINE

ABONNEMENTS { France et Colonies. 1 an 75 fr.
             { Etranger . . . . — 90 fr.

Le Numéro : **1 fr. 25**

ABONNEMENTS ET ANNONCES

53, RUE RÉAUMUR

PARIS (2ᵉ)

Téléphone : Gutenberg 62-08

Reparaît depuis le 30 Mai 1923

Simon KRA

ÉDITEUR

6, Rue Blanche

PARIS

SOCIÉTÉ DES NATIONS

Publications du Bureau international du Travail

(Prix en francs français)

REVUE INTERNATIONALE DU TRAVAIL

Périodique mensuel contenant des articles, statistiques et informations sur le travail et l'industrie.　　　　Abonnement annuel : **55 francs.**

BULLETIN OFFICIEL

Périodique hebdomadaire donnant des informations officielles sur l'activité de l'Organisation internationale du Travail.

Abonnement annuel : **40 francs.**

INFORMATIONS SOCIALES

Périodique hebdomadaire donnant des nouvelles et des renseignements concernant les événements d'actualité ayant trait au travail et à l'industrie.

Abonnement annuel : **60 francs.**

ANNUAIRE INTERNATIONAL DU TRAVAIL

Manuel universel donnant toutes informations utiles sur les services ministériels et les organisations patronales, ouvrières et coopératives.

Prix broché : **18 francs.**

SÉRIE LÉGISLATIVE

Textes des lois, décrets, etc., concernant le régime du travail dans les différents pays du monde.　　　　Abonnement annuel : **80 francs.**

Documents de la Conférence Internationale du Travail

Cette série comprend tous les documents relatifs aux sessions annuelles de la Conférence.　　　　Abonnement annuel : **60 francs.**

ÉTUDES ET DOCUMENTS

Brèves études des questions d'importance immédiate du point de vue du travail.　　　　Abonnement annuel : **40 francs.**

ÉTUDES SPÉCIALES

Publications donnant les résultats des enquêtes spéciales importantes ou des recherches effectuées par le Bureau international du Travail.

Prix de l'abonnement global annuel à toutes les publications du Bureau international du Travail *(à l'exception des Etudes spéciales qui doivent être commandées séparément)*, **trois cents francs (300 fr.)**

Pour plus amples renseignements sur ces publications, voir le catalogue qui est envoyé gratuitement sur demande adressée au **Bureau international du Travail, GENÈVE (Suisse).**